"十三五"国家重点图书出版规划项目

中国社会科学院创新工程学术出版资助项目

新版《列国志》编辑委员会

主　　任　王伟光
副 主 任　李培林　蔡　昉
委　　员（按姓氏音序排列）
　　　　　陈众议　黄　平　李安山　李晨阳　李剑鸣　李绍先
　　　　　李　薇　李向阳　李永全　刘北成　刘德斌　钱乘旦
　　　　　曲　星　王　镭　王立强　王灵桂　王　巍　王新刚
　　　　　王延中　王　正　吴白乙　邢广程　杨栋梁　杨　光
　　　　　张德广　张顺洪　张宇燕　张蕴岭　郑秉文　周　弘
　　　　　庄国土　卓新平

秘书长　马　援　谢寿光

列国志 新版

GUIDE TO THE WORLD NATIONS

徐美莉 编著

KIRIBATI

基里巴斯

社会科学文献出版社
SOCIAL SCIENCES ACADEMIC PRESS (CHINA)

国会大楼(太平洋岛国贸易与投资专员署 供图)

二战时期的炮台(太平洋岛国贸易与投资专员署 供图)

基里巴斯国旗

基里巴斯国徽

基里巴斯硬币(王桂玉 摄)

基里巴斯发行的联邦日邮票(舒方涛 摄)

基里巴斯发行的建筑邮票(舒方涛 摄)

传统舞蹈（太平洋岛国贸易与投资专员署 供图）

北京奥运会：基里巴斯奥运代表团旗手身着民族服装入场（杜洋 摄）

出版说明

《列国志》编撰出版工作自1999年正式启动,截至目前,已出版144卷,涵盖世界五大洲163个国家和国际组织,成为中国出版史上第一套百科全书式的大型国际知识参考书。该套丛书自出版以来,受到社会各界的广泛好评,被誉为"21世纪的《海国图志》",中国人了解外部世界的全景式"窗口"。

这项凝聚着近千学人、出版人心血与期盼的工程,前后历时十多年,作为此项工作的组织实施者,我们为这皇皇144卷《列国志》的出版深感欣慰。与此同时,我们也深刻认识到当今国际形势风云变幻,国家发展日新月异,人们了解世界各国最新动态的需要也更为迫切。鉴于此,为使《列国志》丛书能够不断补充最新资料,更好地服务于社会各界,我们决定启动新版《列国志》编撰出版工作。

与已出版的144卷《列国志》相比,新版《列国志》无论是形式还是内容都有新的调整。国际组织卷次将单独作为一个系列编撰出版,原来合并出版的国家将独立成书,而之前尚未出版的国家都将增补齐全。新版《列国志》的封面设计、版面设计更加新颖,力求带给读者更好的阅读享受。内容上的调整主要体现在数据的更新、最新情况的增补以及章节设置的变化等方面,目的在于进一步加强该套丛书将基础研究和应用对策研究相结合,将基础研究成果应用于实践的特色。例如,增加

基里巴斯

了各国有关资源开发、环境治理的内容；特设"社会"一章，介绍各国的国民生活情况、社会管理经验以及存在的社会问题，等等；增设"大事纪年"，方便读者在短时间内熟悉各国的发展线索；增设"索引"，便于读者根据人名、地名、关键词查找所需相关信息。

顺应时代发展的要求，新版《列国志》将以纸质书为基础，全面整合国别国际问题研究资源，构建列国志数据库。这是《列国志》在新时期发展的一个重大突破，由此形成的国别国际问题研究资讯平台，必将更好地服务于中央和地方政府部门应对日益繁杂的国际事务的决策需要，促进国别国际问题研究领域的学术交流，拓宽中国民众的国际视野。

新版《列国志》的编撰出版工作得到了各方的支持：国家主管部门高度重视，将其列入"'十二五'国家重点图书出版规划项目"；中国社会科学院将其列为创新工程学术出版资助项目，王伟光院长亲自担任编辑委员会主任，指导相关工作的开展；国内各高校和研究机构鼎力相助，国别国际问题研究领域的知名学者相继加入编辑委员会，提供优质的学术咨询与指导。相信在各方的通力合作之下，新版《列国志》必将更上一层楼，以崭新的面貌呈现给读者，在中国改革开放的新征程中更好地发挥其作为"知识向导"、"资政参考"和"文化桥梁"的作用！

新版《列国志》编辑委员会
2013年9月

前　言

自1840年前后中国被迫开关、步入世界以来，对外国舆地政情的了解即应时而起。还在第一次鸦片战争期间，受林则徐之托，1842年魏源编辑刊刻了近代中国首部介绍当时世界主要国家舆地政情的大型志书《海国图志》。林、魏之目的是为长期生活在闭关锁国之中、对外部世界知之甚少的国人"睁眼看世界"，提供一部基本的参考资料，尤其是让当时中国的各级统治者知道"天朝上国"之外的天地，学习西方的科学技术，"师夷之长技以制夷"。这部著作，在当时乃至其后相当长一段时间内，产生过巨大影响，对国人了解外部世界起到了积极的作用。

自那时起中国认识世界、融入世界的步伐就再也没有停止过。中华人民共和国成立以后，尤其是1978年改革开放以来，中国更以主动的自信自强的积极姿态，加速融入世界的步伐。与之相适应，不同时期先后出版过相当数量的不同层次的有关国际问题、列国政情、异域风俗等方面的著作，数量之多，可谓汗牛充栋。它们对时人了解外部世界起到了积极的作用。

当今世界，资本与现代科技正以前所未有的速度与广度在国际间流动和传播，"全球化"浪潮席卷世界各地，极大地影响着世界历史进程，对中国的发展也产生极其深刻的影响。面临不同以往的"大变局"，中国已经并将继续以更开放的姿态、

更快的步伐全面步入世界，迎接时代的挑战。不同的是，我们所面临的已不是林则徐、魏源时代要不要"睁眼看世界"、要不要"开放"问题，而是在新的历史条件下，在新的世界发展大势下，如何更好地步入世界，如何在融入世界的进程中更好地维护民族国家的主权与独立，积极参与国际事务，为维护世界和平，促进世界与人类共同发展做出贡献。这就要求我们对外部世界有比以往更深切、全面的了解，我们只有更全面、更深入地了解世界，才能在更高的层次上融入世界，也才能在融入世界的进程中不迷失方向，保持自我。

与此时代要求相比，已有的种种有关介绍、论述各国史地政情的著述，无论就规模还是内容来看，已远远不能适应我们了解外部世界的要求。人们期盼有更新、更系统、更权威的著作问世。

中国社会科学院作为国家哲学社会科学的最高研究机构和国际问题综合研究中心，有11个专门研究国际问题和外国问题的研究所，学科门类齐全，研究力量雄厚，有能力也有责任担当这一重任。早在20世纪90年代初，中国社会科学院的领导和中国社会科学出版社就提出编撰"简明国际百科全书"的设想。1993年3月11日，时任中国社会科学院院长胡绳先生在科研局的一份报告上批示："我想，国际片各所可考虑出一套列国志，体例类似几年前出的《简明中国百科全书》，以一国（美、日、英、法等）或几个国家（北欧各国、印支各国）为一册，请考虑可行否。"

中国社会科学院科研局根据胡绳院长的批示，在调查研究的基础上，于1994年2月28日发出《关于编纂〈简明国际百科全书〉和〈列国志〉立项的通报》。《列国志》和《简明国际百科全书》一起被列为中国社会科学院重点项目。按照当时的计划，首先编写《简明国际百科全书》，待这一项目完成后，再着手编写《列国志》。

1998年，率先完成《简明国际百科全书》有关卷编写任务的研究所开始了《列国志》的编写工作。随后，其他研究所也陆续启动这一项目。为了保证《列国志》这套大型丛书的高质量，科研局和社会科学文献出版社于1999年1月27日召开国际学科片各研究所及世界历史研究所负责人会议，讨论了这套大型丛书的编写大纲及基本要求。根据会议精神，科研局随后印发了《关于〈列国志〉编写工作有关事项的通知》，陆续为启动项目拨付研究经费。

为了加强对《列国志》项目编撰出版工作的组织协调，根据时任中国社会科学院院长李铁映同志的提议，2002年8月，成立了由分管国际学科片的陈佳贵副院长为主任的《列国志》编辑委员会。编委会成员包括国际片各研究所、科研局、研究生院及社会科学文献出版社等部门的主要领导及有关同志。科研局和社会科学文献出版社组成《列国志》项目工作组，社会科学文献出版社成立了《列国志》工作室。同年，《列国志》项目被批准为中国社会科学院重大课题，新闻出版总署将《列国志》项目列入国家重点图书出版计划。

在《列国志》编辑委员会的领导下，《列国志》各承担单位尤其是各位学者加快了编撰进度。作为一项大型研究项目和大型丛书，编委会对《列国志》提出的基本要求是：资料翔实、准确、最新，文笔流畅，学术性和可读性兼备。《列国志》之所以强调学术性，是因为这套丛书不是一般的"手册""概览"，而是在尽可能吸收前人成果的基础上，体现专家学者们的

研究所得和个人见解。正因为如此，《列国志》在强调基本要求的同时，本着文责自负的原则，没有对各卷的具体内容及学术观点强行统一。应当指出，参加这一浩繁工程的，除了中国社会科学院的专业科研人员以外，还有院外的一些在该领域颇有研究的专家学者。

现在凝聚着数百位专家学者心血，共计141卷，涵盖了当今世界151个国家和地区以及数十个主要国际组织的《列国志》丛书，将陆续出版与广大读者见面。我们希望这样一套大型丛书，能为各级干部了解、认识当代世界各国及主要国际组织的情况，了解世界发展趋势，把握时代发展脉络，提供有益的帮助；希望它能成为我国外交外事工作者、国际经贸企业及日渐增多的广大出国公民和旅游者走向世界的忠实"向导"，引领其步入更广阔的世界；希望它在帮助中国人民认识世界的同时，也能够架起世界各国人民认识中国的一座"桥梁"，一座中国走向世界、世界走向中国的"桥梁"。

《列国志》编辑委员会
2003年6月

序

于洪君[*]

太平洋岛国地处太平洋深处，主要指分布在大洋洲除澳大利亚和新西兰以外的 20 余个国家和地区。太平洋岛国历史悠久，早在公元前 8000 年前就有人类居住。在近代西方入侵之前，太平洋岛国大多处于原始社会时期。随着西方殖民者不断入侵，太平洋岛国相继沦为殖民地。二战结束后，这一区域主要实行托管制，非殖民化运动在各国随即展开。从 1962 年萨摩亚独立至今，该地区已有 14 个国家获得独立，分别是萨摩亚、库克群岛、瑙鲁、汤加、斐济、纽埃、巴布亚新几内亚、所罗门群岛、图瓦卢、基里巴斯、瓦努阿图、马绍尔群岛、密克罗尼西亚联邦和帕劳。

太平洋岛国所在区域战略位置重要。西北与东南亚相邻，西连澳大利亚，东靠美洲，向南越过新西兰与南极大陆相望。该区域还连接着太平洋和印度洋，扼守美洲至亚洲的太平洋运输线，占据北半球通往南半球乃至南极的国际海运航线，是东西、南北两大战略通道的交汇处。不仅如此，太平洋岛国和地区还拥有 2000 多万平方公里的海洋专属区，海洋资源与矿产资源丰富，盛产铜、镍、

---

[*] 原中国驻乌兹别克斯坦大使、中共中央对外联络部原副部长、全国政协外事委员会委员、中国人民争取和平与裁军协会副会长、聊城大学太平洋岛国研究中心名誉主任。

金、铝矾土、铬等金属和稀土，海底蕴藏着丰富的天然气和石油。近年来，该区域已经成为世界各大国和新兴国家战略博弈的竞技场。

太平洋岛国也是21世纪海上丝绸之路的自然延伸和亚太一体化的重要组成部分。中国同太平洋岛国的传统友谊和文化交往源远流长，早在19世纪中期就有华人远涉重洋移居太平洋岛国，参与了这一地区的开发。近年来，中国与太平洋岛国的合作日渐加强，在政治、经济、文化、教育等领域都取得丰硕成果。目前，中国在南太平洋地区拥有最大规模的外交使团。同时，中国在经济上也成为该地区继澳大利亚和美国之后的第三大援助国，并设立了"中国－太平洋岛国论坛"、"中国－太平洋岛国经济技术合作论坛"等对话沟通平台。2014年11月，中国国家主席习近平在斐济与太平洋建交岛国领导人举行集体会晤，一致决定构建相互尊重、共同发展的战略合作伙伴关系，携手共筑命运共同体，为中国与太平洋岛国关系掀开历史新篇章。

由于太平洋岛国地小人稀，且长期远离国际冲突热点，处于世界事务的边缘，因而在相当长一段时期被视为"太平洋最偏僻的地区"。中国的地区国别研究长时期以来主要聚焦于近邻国家，加之资料有限，人才不足，信息沟通偏弱，对太平洋岛国关注度较低，因此国内学界对此区域总体上了解不多，研究成果比较匮乏。而美、英、澳、新等西方学者因涉足较早，涉猎较广，且有充足的资金与先进的手段作支撑，取得了不菲的成果，但这些成果多出于西方国家的全球战略及本国利益的需要，其立场与观点均带有浓厚的西方色彩，难以完全为我所用。

近年来，随着中国融入世界的步伐不断加快，国际地位显著提高，中国在全球的利益分布日趋广泛。与越来越多的国家和地区进行友好交往并扩大互利合作，是日渐崛起的中国进一步参与全球化进程，开展中国特色大国外交的客观要求，也是包括太平洋岛国在内的国际社会对中国的殷切期待。更全面更深入的地区研究，必将为中国进一步发挥国际影响力，大步走向世界舞台中心提供强有力的支持。2011年11月，教育部向各高校下发《关于培育区域和国别以及国际教育研究基地的通知》和《高等学校哲学社会科学"走出去"计划》，希望建设一批既具有专业优势又能产生重要影响的智囊团和思想库。中共中央政治局委员、国务院副总理刘延东也多次提及国别研究立项和"民间智库"问题，鼓励有条件的大学新设国别研究机构。

在这种形势下，聊城大学审时度势，结合国家战略急需、区域经济社会发展需求及自身条件，在历史文化与旅游学院"南太平洋岛国研究所"的基础上，整合世界史、外国语、国际政治等全校相关学科资源，于2012年9月成立了"聊城大学太平洋岛国研究中心"。中心聘请中国现代国际关系研究院副院长、中央电视台国际问题顾问、博士生导师李绍先研究员等为兼职教授。著名世界史学家、国家级教学名师王玮教授担任中心首席专家。密克罗尼西亚联邦驻华大使苏赛亚等多位太平洋岛国驻华外交官被聘为中心荣誉学术顾问。在有关各方的大力支持下，中心以太平洋岛国历史与社会形态、对外关系、政情政制、经贸旅游等为研究重点，致力于打造太平洋岛国研究领域具有专业优势和重要影响的国家智库，力图为国家和地方与太平洋岛国进行政治、经济、社会、文化等领域的交流与合作，增进中国和太平洋岛国人民之间的了解和友谊提供智力支撑和学术支持，为国内的太平洋岛国研究提供学术交流与互动的平台。

中心建立以来，已取得一系列可喜成绩。目前中心已建成国内最齐全、数量达3000余册的太平洋岛国研究资料中心和数据库，并创建国内首个以太平洋岛国研究为主题的学术网站及微信公众号；定期编印《太平洋岛国研究通讯》，并向国家有关部门提交研究报告；在研省部级以上课题8项。2014年，中心成功举办了国内首届"太平洋岛国研究高层论坛"，论坛被评为"山东社科论坛十佳研讨会"，与会学者提交的20余篇优秀论文辑为《太平洋岛国的历史与现实》，由山东大学出版社于2014年12月正式出版。《太平洋学报》2014年第11期刊载了中心研究人员的12篇学术论文，澳大利亚《太平洋历史杂志》（*The Journal of Pacific History*）对中心学者及其研究成果进行了介绍。这表明，太平洋岛国研究中心的研究开始引起国内外学术界的关注。

中心成立伊始，负责人陈德正教授就提出了编撰太平洋岛国丛书的设想，并组织了编撰队伍，由吕桂霞教授拟定了编撰体例，李增洪教授、王作成博士等也做了不少编务工作。在丛书编撰过程中，适逢社会科学文献出版社承担的中国社会科学院创新工程学术出版资助项目、"十二五"国家重点图书出版规划项目——新版《列国志》编撰出版工作启动。考虑到《列国志》丛书所拥有的品牌影响力和社会美誉度，研究中心积极申请参与新版《列国志》编撰出版工作。在社会科学文献出版社谢寿光社长、人文分社宋月华社长的大力支持下，中心人员编撰的太平洋岛国诸卷得以列入新版《列国志》丛书，给中心以极大的鼓舞和激励。为了使中心人员编撰的太平洋岛国诸卷更加符合新版《列国志》的编撰要求，人文分社总编辑张晓莉女士在编撰体例调整方面给予了诸多帮助。

在此一并致谢。

因其特殊的地缘特征，太平洋岛国战略价值的重要性毋庸置疑，同时，在中国建设21世纪海上丝绸之路的过程中，作为中国大周边外交格局一分子的太平洋岛国的重要性也不言而喻。新版《列国志》太平洋岛国诸卷的出版，不仅可填补国内在太平洋岛国研究领域的空白，同时也为我国涉外机构、高等院校、科研机构及出境旅行人员提供一套学术性、知识性、实用性、普及性兼顾的有关太平洋岛国的图书。一书在手，即可明了对国人而言充满神秘色彩的太平洋诸岛国的历史、民族、宗教、政治、经济以及外交等基本情况。聊城大学太平洋岛国研究中心也将以新版《列国志》太平洋岛国诸卷的出版为契机，将太平洋岛国研究逐步推向深入。

CONTENTS
目 录

第一章 概　　览 / 1

　第一节　国土与人口 / 1

　　一　地理位置 / 1

　　二　国土面积 / 1

　　三　地形与气候 / 2

　　四　淡水和土壤 / 5

　　五　行政区划 / 6

　　六　人口、民族、语言 / 6

　　七　国旗、国徽、国歌 / 7

　第二节　宗教与民俗 / 8

　　一　宗教信仰 / 8

　　二　节日 / 9

　　三　民俗 / 9

　第三节　特色资源 / 10

　　一　游览资源 / 10

　　二　著名城市 / 13

　　三　特色物产 / 13

第二章 历　　史 / 15

　第一节　殖民者抵达前的岛屿历史 / 15

　　一　岛屿早期史 / 15

CONTENTS

目 录

　　二　岛屿间的联系和战争／16

第二节　欧美扩张与殖民地时期的岛屿历史／18

　　一　各岛屿的"发现"／18

　　二　"上帝的发现"／20

　　三　巴纳巴岛磷酸盐矿的戏剧性发现／24

　　四　吉尔伯特群岛和埃利斯群岛保护区、殖民地的建立与首府选择／26

第三节　第二次世界大战时期／31

　　一　日本占领吉尔伯特群岛和巴纳巴岛／31

　　二　基里巴斯人民的战争经历／34

　　三　战后吉尔伯特群岛的动荡和巴纳巴人离开家园／35

第四节　民主独立进程／37

　　一　殖民地人民的独立意识和自治／37

　　二　1978年制宪大会和大选／42

　　三　伦敦谈判和独立／45

第五节　共和国简史／47

　　一　塔巴伊政府时代／47

　　二　1991年大选至今／51

第三章　政　治／55

第一节　国体、政体与宪法／55

　　一　国体与政体／55

CONTENTS
目 录

　　二　政党与民主政治特色 / 56

第二节　选举制度 / 56

　　一　设立选举委员会 / 56

　　二　议会选举 / 57

　　三　总统选举 / 60

第三节　行政 / 61

　　一　总统、副总统和国务委员会 / 61

　　二　内阁与部长 / 62

　　三　地方行政机构 / 63

　　四　行政监督和咨询机构 / 64

　　五　公职人员制度 / 65

第四节　立法与司法 / 65

　　一　立法 / 65

　　二　司法 / 69

　　三　现行法律 / 71

第四章　经　济 / 75

第一节　概况 / 75

　　一　独立后的经济发展 / 75

　　二　经济制度 / 77

　　三　经济政策 / 77

第二节　农业 / 80

CONTENTS

目 录

　　一　陆地种植业 / 80

　　二　海洋种植养殖业 / 83

　　三　海洋渔业 / 84

第三节　能源产业、交通运输业与邮电业 / 86

　　一　能源产业 / 86

　　二　交通运输业 / 87

　　三　邮电业 / 88

第四节　商业与旅游业 / 89

　　一　商业 / 89

　　二　旅游业 / 90

第五节　财政与金融 / 91

　　一　财政 / 91

　　二　金融 / 92

第六节　对外经济关系 / 94

　　一　进出口贸易 / 94

　　二　劳务输出 / 95

　　三　海外援助和海外投资 / 96

第五章　社　　会 / 99

　第一节　社会结构与社会关系 / 99

　　一　社会结构 / 99

　　二　社会管理 / 101

CONTENTS
目 录

  三　社会关系／103
  四　族群特征／104
 第二节　国民生活／107
  一　就业、收入与消费／107
  二　衣食住行／109
  三　主要社会问题／112
 第三节　医疗卫生／114
  一　常见疾病／114
  二　政策措施／114
  三　改善情况／116

第六章　文　化／117

 第一节　教育／117
  一　教育简史／117
  二　教育管理体制／119
  三　教育体制／119
 第二节　文学、艺术与体育／120
  一　文学、美术和传统工艺／120
  二　音乐与舞蹈／121
  三　体育／123
 第三节　新闻出版／124
  一　历史研究和著述／124

CONTENTS
目 录

  二　门户网站 / 127
  三　媒体 / 127

第七章　外　　交 / 129

 第一节　外交简况 / 129
 第二节　与欧美国家的关系 / 131
  一　与欧洲国家的关系 / 131
  二　与美洲国家的关系 / 132
 第三节　与太平洋邻国的关系 / 133
  一　与澳大利亚和新西兰的关系 / 133
  二　与太平洋其他岛国的关系 / 134
 第四节　与其他太平洋国家的关系 / 137
  一　与日本、菲律宾等国家的关系 / 137
  二　与中国大陆和台湾的关系 / 139

大事纪年 / 143

附　　录 / 147

参考文献 / 149

索　　引 / 153

第一章

概 览

第一节 国土与人口

一 地理位置

基里巴斯共和国（简称基里巴斯）位于太平洋的密克罗尼西亚东部，大致在夏威夷和澳大利亚的中间，北邻马绍尔群岛，西接瑙鲁，南与图瓦卢、托克劳（新）及库克群岛为邻。基里巴斯位于北纬4°43′到南纬11°15′、东经169°32′到西经150°14′之间。首都塔拉瓦时间比格林尼治时间早12小时，比中国北京时间早4小时。

二 国土面积

基里巴斯是珊瑚礁之国，全国由3个群岛共33个珊瑚岛组成。陆地面积811平方公里，专属经济区近355万平方公里。

基里巴斯人民的主要居住地吉尔伯特群岛，呈西北－东南方向在赤道两侧伸展。吉尔伯特群岛位于北纬3°30′到南纬2°45′、东经172°30′到西经177°00′之间，由16个岛屿组成，最北端是马金岛，

最南端是阿罗赖岛，基里巴斯首都所在地塔拉瓦环礁在群岛的中部。吉尔伯特群岛在赤道两侧延展640公里，陆地面积约280平方公里。在塔拉瓦环礁西南400公里处耸立着巴纳巴岛，位于南纬0.5°、东经169°53′处，面积6.29平方公里，海拔81米。

自吉尔伯特群岛最南端的阿罗赖岛向东约1400公里是菲尼克斯群岛。菲尼克斯群岛在南纬2°31′到4°30′、西经170°30′到174°30′之间，有8个小岛，陆地面积只有27.6平方公里。除坎顿岛上有少量居住者外，菲尼克斯群岛其他岛屿为无人岛。

在菲尼克斯群岛以东，莱恩群岛呈西北－东南方向散布在赤道两侧。基里蒂马蒂岛（圣诞岛）与其北方的塔布阿埃兰环礁（范宁岛）和泰拉伊纳岛（华盛顿岛）是莱恩群岛的3个居人岛屿。莱恩群岛11个岛屿中有8个属于基里巴斯（其他3个岛屿为美国非宪辖管制领土）。吉尔伯特群岛和莱恩群岛相距3000~4000公里。

三 地形与气候

1. 地形

在基里巴斯的33个岛屿中，只有巴纳巴岛为升起的高岛，其他32个岛屿都是典型的低平珊瑚礁岛，只高出海平面数米，大多数地方不超过海平面1米。珊瑚岛的出现是较晚的事情，是火山爆发形成的。爆发后的火山缓慢下沉，淹没在太平洋中，珊瑚虫在它之上寄居、造礁，珊瑚礁最终从山巅升起露出海面，发育成为珊瑚岛。

在珊瑚岛岛民的语言中没有"山""河流"这样的词语，因为珊瑚岛的沙砾表面缺乏蓄水能力，雨水迅速渗透到地下，在地下形成一个悬浮在咸水之上的淡水层，岛屿上通常没有河流甚至小溪。

仅从外表看，低平的岛屿间似乎没有各自明显的特征可以相互区别，尽管各岛屿构造相似，但也有较大差异。最显著的差异是有无潟湖，并由此产生基本的形态差异。环礁岛中间是曾经的火山口，有一些注水形成潟湖。潟湖被连续或断续绵延的礁石环绕着，并借此与环带小岛相连，礁石一般裸露在水面以上，或在几十米深的低潮浅水中。陆地在海洋和潟湖之间狭长延展，环绕潟湖，宽度不超过几百米。大多数情况下，这一环状陆地并不完整，而是往往被水分割，形成许多个小岛。相比之下，平礁岛因缺少潟湖，形态比较简单。

菲尼克斯群岛最大的岛是坎顿岛，岛上有菲尼克斯群岛最好的抛锚地。菲尼克斯群岛最大限度地保持了原始的状态，2006年基里巴斯政府宣布菲尼克斯群岛为保护区，岛屿周围184700平方公里的海域受到保护，2008年保护区范围扩大到406000平方公里，这使基里巴斯拥有世界上最大的海洋保护区，2010年菲尼克斯群岛被列入《世界自然遗产名录》。

莱恩群岛的3个居人岛屿为华盛顿岛、范宁岛和圣诞岛。华盛顿岛的外围有着几乎全封闭的珊瑚礁屏障，只有一条通道与大洋相连，这使得进出岛屿都极其困难。华盛顿岛的自然条件堪称优越，岛上降雨量大，因此在原来潟湖的地方有一个大淡水湖，这在环礁岛中极为罕见。范宁岛位于华盛顿岛的东南方，由4个（另一说法是3个）被森林覆盖的小岛组成，中间是一个富饶的潟湖。圣诞岛位于范宁岛的东南方，是由一个主岛和数百个潟湖小岛组成的环礁岛。它是世界上最大的珊瑚礁岛之一，总面积约600平方公里，陆地面积约388平方公里，基里巴斯全国陆地总面积才811平方公里，可见圣诞岛的重要地位。

吉尔伯特群岛的16个岛屿中，马金岛、库里亚岛、贝鲁岛、尼库瑙岛、塔马纳岛和阿罗赖岛为平顶礁岛，其他10个为环礁岛。

基里巴斯

塔拉瓦环礁位于吉尔伯特群岛的中部偏北，由 24 个小岛组成。三角形潟湖的东边和南边大部分是封闭的，在整个西边通过水下堡礁与大洋相通。潟湖的南边和东南边环绕着一系列小岛。塔拉瓦环礁的优势集中在南部，从东部的邦里基延伸到西部的拜里基。拜里基西北的贝肖岛东西长 3500 米，南北宽大部分只有 500 米，最宽处不超过 700 米，它像一只仰卧的海马，面向北，尾向东，它的北面是伸向 700 米深海的良港，这是塔拉瓦环礁的海上门户。塔拉瓦最终成为吉尔伯特群岛和埃利斯群岛殖民地的首府，也是今天基里巴斯共和国的首都，最主要的原因就是在吉尔伯特群岛中，只有它有良港，大型船只能够进出。

2. 气候

基里巴斯靠近赤道，是典型的热带气候。但信风常年吹拂，基里巴斯在某种程度上可以说气候宜人。3～11 月为东南信风，其余时间里则是湿润的西风吹拂。全年平均气温在 28 摄氏度左右，白天最高气温在 31～33 摄氏度。

吉尔伯特群岛的大部分、莱恩群岛和菲尼克斯群岛的部分位于赤道海洋气候区的干燥带。总体来说，基里巴斯降雨在 12 月到次年 5 月较多，6 月到 11 月较少，这是较为干燥的时期。赤道以北雨量较大，逐渐向南递减，呈现一个明显的降雨阶梯。吉尔伯特群岛按降雨量可分为三个岛区：北部马金岛和布塔里塔里环礁，年均降雨约 3200 毫米；中部从马拉凯环礁到阿拉努卡环礁，年均降雨约 1500 毫米；南部从诺诺乌蒂环礁到阿罗赖岛，年均降雨约 1300 毫米。塔拉瓦环礁年均降雨接近 2000 毫米。

莱恩群岛同样具有显著的降雨阶梯。华盛顿岛年均降雨约 2970 毫米，范宁岛年均降雨约 2100 毫米，圣诞岛年均降雨只有约

760毫米。圣诞岛正好位于赤道干旱带，是一个横贯东中太平洋的低雨量窄带。圣诞岛的蒸散率（地表水分蒸发与植物水分蒸腾率）很高，使这个岛屿相对干旱。自圣诞岛向南降雨量递增，莱恩群岛最南端的弗林特岛年均降雨约1420毫米。在菲尼克斯群岛，坎顿岛年降雨不足800毫米。

20世纪以来全球气候发生变化，气温升高，降雨减少，风暴潮增加。1920年以来基里巴斯平均气温升高了1摄氏度，出现了持续的干旱。同时，基里巴斯的风暴潮越来越明显地增加，带来了洪水和暴雨。过去，基里巴斯每年会发生一次到两次风暴潮，现在每年会有5次、6次甚至8次。当潮汐涌来，它冲过沙滩卷走一切，岛民种植的甘蓝、土豆、黄瓜等都被冲走。

四　淡水和土壤

基里巴斯的淡水资源极为稀缺。一般来说，因为珊瑚礁土壤极富空隙，基里巴斯各岛屿地表水很少，淡水普遍存在于地下淡水层。塔拉瓦环礁的淡水层通常在地表以下0.8~1.6米处。圣诞岛虽然蒸散作用强，但是因为土壤多孔，雨水在蒸发前可渗入地下。在范宁岛，因为降雨丰沛，加之肥沃土壤之上茂盛植物的储水能力强，岛上淡水资源丰富。在基里巴斯，人们通常是挖井汲取地下淡水。因为淡水资源稀缺，岛民们也收集雨水。

基里巴斯的土壤是高碱性、质地粗糙的珊瑚礁分化土壤。诸如珊瑚虫、珊瑚藻、软体动物和有孔虫类等分化出的生物骨屑砂构成的一般土壤，土壤层通常较浅，蓄水能力较弱，有机物很少，除了钙、钠和镁，其他大量元素和微量元素含量都很低。但是，基里巴斯局部地区存在或者曾经存在较为肥沃的土壤，岛屿上原本生长了

多种植物，海鸟向土壤提供粪肥料，因此沙砾的上层通常富含有机质，这在基里巴斯历史上曾是普遍现象，许多岛屿上有深浅不同的鸟粪层，巴纳巴岛则是典型的磷酸盐矿岛。

五　行政区划

基里巴斯共分3个行政区：吉尔伯特群岛、菲尼克斯群岛和莱恩群岛。其下又分6个区、21个岛屿委员会，每个有常住居民的岛屿有1个岛屿委员会。6个区为：巴纳巴岛、北吉尔伯特群岛、中吉尔伯特群岛、南吉尔伯特群岛、塔拉瓦环礁和莱恩群岛。另一种说法是分7个区，即前6个区加上菲尼克斯群岛。21个岛屿委员会为：吉尔伯特群岛的15个岛屿（塔拉瓦环礁除外）各有1个委员会，巴纳巴岛委员会，菲尼克斯群岛的坎顿岛委员会，莱恩群岛的华盛顿岛、范宁岛、圣诞岛各有1个委员会，以及斐济拉比岛委员会。塔拉瓦环礁设有3个市政委员会，分别在贝肖岛、北塔拉瓦和南塔拉瓦。

六　人口、民族、语言

20世纪下半叶以来基里巴斯人口呈加速增长态势。1947年，吉尔伯特群岛的人口约为31500人；2000年，基里巴斯人口约为84500人，半个世纪里人口增长了1倍多。2010年，基里巴斯人口已超过10万人。超过90%的人口居住在吉尔伯特群岛，其中超过一半的人口集中在城市化区域南塔拉瓦，南塔拉瓦人口密度高达每平方公里15000人。

基里巴斯人大部分为密克罗尼西亚人，波利尼西亚人不到2%。官方语言是英语，基里巴斯语被广泛使用。

七　国旗、国徽、国歌

国旗　基里巴斯国旗旗面上半部是红色，下半部为六道蓝、白相间的波纹状宽带。红色部分中间是一轮光芒四射、冉冉升起的太阳，其上方是一只军舰鸟。红色象征大地；蓝白波纹象征太平洋；太阳象征赤道的阳光，表明该国位于赤道地带，也象征光明和未来的希望；军舰鸟象征力量、自由和基里巴斯的文化。国旗突出体现了赤道日出和飞翔在海洋上空的军舰鸟。军舰鸟从一地飞到另外一地传递信息，象征着自由和力量。太阳边缘的17条太阳光线代表吉尔伯特群岛16个岛屿和巴纳巴岛。旗帜下部的三条波浪线代表吉尔伯特群岛、菲尼克斯群岛和莱恩群岛。广阔的海洋之上军舰鸟在飞翔，暗示基里巴斯是一个海洋国家，海域远远大于陆地。

国徽　基里巴斯国徽为盾徽，图案与国旗相同，绶带的下端用基里巴斯文写着"兴旺、和平、富强"。

国歌　基里巴斯国歌为《站起来，基里巴斯！》[①]，词曲作者为乌尔姆·塔莫拉·洛特巴。

歌词大意为：

站起来，基里巴斯！高歌欢呼！
准备把责任担负，并且互相帮助！
把正义落实，把所有的同胞爱护！

[①] 目前基里巴斯国歌有多个中文版本，本书采用的是2009年中国民族摄影艺术出版社出版的《世界各国国旗国徽国歌手册》中的翻译。

把正义落实,把所有的同胞爱护!
富足与和平,是人民的建树,
我们会有成就,当我们心跳同速。
彼此友爱,提升团结和幸福!
彼此友爱,提升团结和幸福!
我们向您恳求,啊,天主!
在未来日子里把我们照顾。
用您慈爱的双手给我们帮助,
保佑我们全体人民和政府!
保佑我们全体人民和政府!

第二节 宗教与民俗

一 宗教信仰

基里巴斯人非常虔诚,尊重各种宗教。超过90%的基里巴斯人信奉基督教,其中信奉天主教的约占52%,信奉新教的约占40%。此外基里巴斯人还信奉巴哈伊教、伊斯兰教等。

传统信仰在基里巴斯仍然存在。20世纪90年代初,徐明远先生到时任基里巴斯副总统塞安纳奇的故乡阿巴阳小岛访问,这个小岛在塔拉瓦环礁的北端,他们先到达小岛的南端,在乘汽车到达岛的北端时,这里的长者按照传统举行了欢迎贵宾的仪式,在一块由各种卵石组成各种图案的圣地上,长者口中念念有词,在每位客人脸上印上一小片沙砾,徐明远先生解释为祝福。

二 节日

基里巴斯共和国在独立日会举行隆重的庆典,节目精彩丰富,有舞蹈、唱诗、歌唱比赛、体育比赛,体育比赛包括传统摔跤、独木舟和小型独木舟竞赛,以及"Oreano"比赛。这种比赛是将一个又大又重的球投向对方队,力求不要被对方队员接住。人们在基督教节日复活节、圣诞节也会举行庆典。基里巴斯人民过新年颇为热闹,"新年将至,岛民们开始准备年货。所谓的年货,主要还是鱼虾。只见他们家家提前几天捕捞了更多的金枪鱼、石斑鱼、大龙虾,买好澳大利亚产的啤酒,酿好大瓶大瓶的椰汁酒"。"这时能听到猪的嚎叫,这是岛民在杀猪过年了,通常是男人在杀猪,女人在准备火,小孩子们在玩耍",一派节日景象。①

三 民俗

礼貌、温和、羞涩和血性 在历史上,吉尔伯特人骄傲、有礼貌,老人负责礼仪事件。例如在集会房里,不允许在椽子上悬挂物品,不允许有噪声,不允许背对大家,不应该打扰老人,不应该打断老人的谈话,每个家族在集会房有专属的地方,有家族相传的分工,分享食物遵循严格的优先次序。基里巴斯人民的自我评价是热情、友好、好客,他们也常被世界其他地方的人描述为礼貌、温和、友好、质朴乃至羞涩腼腆。但基里巴斯人民也是有血性的,过去的基里巴斯人好战,因为保护家庭乃至岛屿是男人的天职,所以男人从儿童时代开始就被培养成为一名武士。直到今天,打架咬鼻

---

① 吴钟华:《南太不了情》,四川人民出版社,2006,第 143 页。

子可算是一种血性的遗俗。

数字"3"在当地民间文化中具有特殊意义。每一种传统舞蹈都有三个部分组成。人们在村落会议讲话时，陈述分成三个部分。当一个观众表达他对一个舞蹈家或表演者的欣赏时，总是会拍掌三次，稍加停顿再拍掌三次。

在基里巴斯，人们要遵循如下一些原则。

不要讨价还价。价格都是既定的，讲价是对商店主人最严重的冒犯。

穿着得体。即使去海滩也要穿戴得当。

不要触摸他人的头部，因为这是身体最神圣的部分。"注意，我将拍你的头"，这是对人极端的侮辱。从主人头上传递东西是极大的无礼，将手放在老年人头上近似于诽谤。

进别人家要脱鞋。不要坐在脚趾指向房间的方向。

礼拜日就是休息日，不要开展太多的商业活动。

投掷东西是错误的。

说"no"通常被认为无礼，因为这被认为不关心他人的需要。基里巴斯人倾向于说"sorry"，之后要做一个解释。

人乃至高无上的，因自己正忙于某事而要求他人稍后再来，这被认为是无礼的。

第三节　特色资源

一　游览资源

天空和海洋构成基里巴斯独特的美景。日出之际，海洋渐渐地

第一章 概　览

由淡红变暗红，在大洋的远方，半轮红日以磅礴的气势露出洋面，万道霞光映红海洋和天空。宁静的傍晚时分，晚霞满天，海水清澈见底，五颜六色的鱼就在船底下游来游去。在夜晚，赤道的天空缀满星辰，在它之下，海洋呈现神秘的橙色。在白天，苍穹和海洋像绿松石一样蓝绿，或者海天相连一片洁白。水下珊瑚花园里的无数物种使这个岛国变得更加生动。

即使是城市化的南塔拉瓦也并未与大自然隔离。在南塔拉瓦，园林里有各种热带灌木和鲜花。南塔拉瓦中心医院的精神科病房的四周虽然被铁丝网与外界隔开，但遍地盛开着美丽的鲜花，椰树、露兜树郁郁葱葱。举目眺望，蔚蓝色的海水同蔚蓝色的天空连成一片，浩瀚无际，海鸥在海面上翱翔。[1]

菲尼克斯群岛保护区是世界上最大的珊瑚群岛生态保护区，有14座海底山，500多种鱼，18种海洋哺乳动物，54种海鸟。[2] 拉瓦基岛上生长着各种海鸟，空气里弥漫着鸟粪的味道。燕鸥、军舰鸟和鲣鸟就在地面上筑巢，哪里都有它们的蛋。这里的海鸟虽然种类不多，但个体数量极高。

在圣诞岛上，潟湖中点缀着无数小岛，陆地上森林繁茂，有50余万棵椰树，还有挺拔的槟榔树、香蕉树、面包果树，叶大如伞的热带山芋和菠萝树等，使得岛屿苍翠欲滴。大片开阔的灌木丛和草地是这里的典型景观。圣诞岛是钓鱼爱好者的天堂。圣诞岛海域的北梭鱼繁殖量超过世界其他任何地方，此外还有刺鲅、金枪鱼

---

[1] 王大芬：《基里巴斯精神科病房的康复治疗》，《国外医学精神病学分册》1997年第1期，第32页。

[2] Freestone, David, "Yearbook of International Environmental Law", *International Journal of Marine and Coastal Law*, Vol. 15, No. 4, 2000, pp. 603 – 604.

11

基里巴斯

和巨大的珍鲹。圣诞岛还是太平洋上最大的海鸟乐园，有600多万只海鸟在此栖息。1994年基里巴斯将本国境内的国际日期变更线东移，圣诞岛成为世界上最早迎接新的一天、新的一年的居人岛。圣诞岛上有名为伦敦、巴黎和波兰的村落。巴黎村现在已经被废弃，它曾是法国人加工椰子的地方，现在还有岩石防波堤。

莱恩群岛最东端的加罗琳岛在新千年来临之际成为世界关注的焦点。1994年基里巴斯政府将穿越境内的国际日期变更线东移2000多公里至国境最东端的加罗琳岛，这使加罗琳岛成为世界上第一个迎接日出的岛，基里巴斯也因此成为世界上最早迎接新的一天的国家。基里巴斯国会于1997年通过决议，将加罗琳岛命名为"千年岛"，并向世界宣布该岛是世界上第一个进入新千年的岛。在新千年来临之际，来自基里巴斯各岛屿的最优秀的舞蹈者、歌唱家，在总统的陪同下出发到加罗琳岛纪念这一时刻。在新千年黎明前的曙光中，在一只小独木舟里，一位穿露兜树叶裙的长者，将一个椰树叶火炬递给一个小男孩。在加罗琳岛，基里巴斯的特色歌舞表演成为全世界新千年庆典的高潮。

吉尔伯特群岛的布塔里塔里环礁和阿贝马马环礁是著名苏格兰作家罗伯特·路易斯·斯蒂文森（Robert Louis Stevenson）曾短暂居住的地方。1889年，斯蒂文森在他的妻子、妻弟、一名中国厨师陪伴下，寻找有益健康的阳光明媚的太平洋岛屿，他在吉尔伯特群岛待了4个月，在布塔里塔里环礁和阿贝马马环礁各待了2个月，1894年在萨摩亚去世。他和夫人都描述过布塔里塔里环礁人民的舞蹈，说在他们所见过的太平洋舞蹈中，布塔里塔里环礁的舞蹈无疑是最好的。在阿贝马马环礁，他与吉尔伯特群岛历史上著名的阿贝马马环礁首领贝纳卡（Binoka）交往过，在他的著作《在南海》(In The South Sea) 中，他介绍了这位首领。现在阿贝马马环礁有一家简陋而质朴的旅馆，就是以斯蒂文森的名字命名的。

吉尔伯特群岛的马金岛、塔拉瓦环礁经历了著名的太平洋战争。太平洋战争中最为惨烈的战役之一塔拉瓦战役中损坏的坦克、大炮、混凝土碉堡、登陆艇和其他军事装备仍遗留在岛上。南塔拉瓦海滩上还有昂波潟湖俱乐部，贝肖岛东部有台湾公园和日本堤道等。

二 著名城市

塔拉瓦 塔拉瓦是基里巴斯的首都，是基里巴斯最早城市化的地区，有 3 个主要城市化区域，为拜里基、比凯尼贝乌 (Bikenibeu) 和贝肖岛，贝肖岛通过 3.5 公里长的堤道与拜里基相连。基里巴斯政府位于拜里基。贝肖岛上有多种商业、工业部门，这里也是基里巴斯人口密度最大的地方。特殊的地理位置使南塔拉瓦唯一的横贯全岛的东西向柏油马路成为人们生活的中心，住房、办公楼、学校、医院沿路而建，许多活动就在这条唯一的道路上展开。贝肖岛港口和邦里基国际机场分别在这条路的西端和东端，相距 30 公里，塔拉瓦环礁仅有的一家医院位于环礁的东部。

三 特色物产

基里巴斯陆地农业最重要的是椰树种植，在历史上椰树是基里巴斯人民的主要生活资料来源；其次是露兜树与面包果树，它们不仅提供食品，也提供建筑材料和造独木舟的材料，还是制作服饰的材料和制作日用品的材料。大沼泽芋头在历史上曾是岛屿社会的荣誉产品，它不仅是日常食品，也是集会庆典上的礼仪食品，现在虽

基里巴斯

然种植有所减少，但依然是基里巴斯的独特物产。自19世纪基里巴斯各岛屿被欧美人发现，以及椰油的价值被发现，传统上作为岛屿人民基本生活资料来源之一的椰树开始成为经济作物，现在椰子是基里巴斯最重要的出口商品。

基里巴斯海域有近800种近岸、远洋鱼类，还有1000多种贝类，最重要的海洋资源是金枪鱼，其他的如太平洋北梭鱼、灰色鲨鱼、青枪鱼、黄貂鱼等，也盛产于基里巴斯海域。

太平洋岛屿曾经是海鸟的世界，菲尼克斯群岛现在依然是被海鸟占据的岛屿。在莱恩群岛的3个居人岛屿，自殖民地时代已开始立法保护鸟类，这最大限度地保护了海鸟种群，如珍贵的吸蜜鹦鹉，鸣鸟也是莱恩群岛和菲尼克斯群岛所独有的。

基里巴斯的生态环境脆弱，基里巴斯人民利用有限的陆地资源和广袤的海洋发展起独特的农业文明，借以在珊瑚礁岛世界生活数千年，创造出灿烂而独特的文化。

第二章

历 史

第一节 殖民者抵达前的岛屿历史

一 岛屿早期史

基里巴斯各岛屿是移民者的家园。约3000多年前，属于南岛语系的东南亚人移民到密克罗尼西亚。吉尔伯特群岛人民种植的椰树、面包果树、芋头和露兜树都是东南亚的传统植物，它们是被早期移民者带到这些岛屿的。吉尔伯特语属于南岛语系。

有文字记载的基里巴斯历史开始于11世纪到14世纪之间，萨摩亚移民发现此时吉尔伯特群岛已有居民。吉尔伯特群岛也不可避免地受到美拉尼西亚人和波利尼西亚人的影响，不同族群之间通婚，使人们在相貌和传统方面趋向一致。

巴纳巴岛同样是移民者的家园。在1900年之前，巴纳巴人已经在这里生活了2000多年。巴纳巴岛最早的居民是特·安卡（Te Aka）家族，来自美拉尼西亚，他们身材矮小，卷发，大耳朵，黑皮肤，崇拜火和太阳。16世纪，来自今印度尼西亚的奥利亚利亚（Auriaria）的一行人自吉尔伯特群岛来到这里，他们以

基里巴斯

"Ubanabannang"来命名这个新发现的岛屿。Banaba（巴纳巴）在基里巴斯语中意为"岩石土地"。大约在17世纪中叶，娜安杰妮米欧（Nei Anginimaeao）一行人自吉尔伯特群岛的贝鲁岛来到这里。虽然新移民与早期居住者之间发生过战争，但他们最终归于融合，共同创造了独特的巴纳巴文化。①

二 岛屿间的联系和战争

在整个历史时期，吉尔伯特群岛岛屿间人民交往密切，但是他们很少有群岛互联意识，也没有建立首都或首府的实际需要，各岛屿生产的物品几乎是一致的，这使得岛屿间的物品交换几乎不存在，阻碍了商业中心的形成。一般说来各岛屿政治独立，但马金岛例外，马金岛是布塔里塔里环礁首领的附庸。在19世纪早期，库里亚岛和阿拉努卡环礁被阿贝马马环礁首领征服，也丧失独立地位。

17世纪贝鲁岛武士的征服运动促成贝鲁岛文化的扩张。17世纪中叶，吉尔伯特群岛中部的贝鲁岛人口过剩，富有进取心的凯图（Kaitu）煽动贝鲁岛武士发动对外战争，他的搭档乌克阿（Uakeia）是一位战略家。他们乘坐独木舟战舰一路向北，顺利征服塔比特韦亚环礁、诺诺乌蒂环礁、阿贝马马环礁、库里亚岛、阿拉努卡环礁、迈亚纳环礁、塔拉瓦环礁、马拉凯环礁、阿拜昂环礁，只剩下最北方的布塔里塔里环礁和马金岛。自此之后吉尔伯特群岛人民承认贝鲁岛为他们文化的中心或发祥地，因此

---

① Raobeia Ken Sigrah, Stacy M. King, *Te Rii Ni Banaba*（*The Backbone of Banaba*），pp. 26 - 166.

吉尔伯特群岛的创世纪神话中贝鲁岛的影响最大，以至于基里巴斯人撰写的第一部历史书《基里巴斯历史》（*Kiribati: Aspects of History*）以其作为基本资料。

到19世纪，吉尔伯特群岛的内战因欧洲武器的使用而加剧。吉尔伯特群岛人好战，战斗因土地占有、首领头衔争端等事件而发生，但都是小规模的，卷入的人数少，造成的岛民伤亡也少。他们使用诸如鲨鱼牙齿剑、尖端装有倒钩的木矛以及棍棒等武器，用椰树纤维编织盔甲防身，偶尔也建造防御工事。随着欧洲人的到来，战争性质变了，商人用枪、斧和刀交换土著人的椰油，这些武器加剧了战争的惨烈。有时欧洲人也参加战争，同与他们结盟的吉尔伯特群岛人一起战斗。另外，欧洲人在引进新的宗教时，在早期阶段倾向于区分吉尔伯特群岛人，旧有的矛盾扩大了，使冲突更加剧烈。在19世纪的许多战争中，比较重要的有阿贝马马环礁内战、塔比特韦亚环礁宗教战争、迈亚纳环礁土地战争和塔拉瓦环礁领导权之战，其中最为惨烈的是塔比特韦亚环礁宗教战争。这场战争主要由夏威夷传教士坎普（Kapu）和纳里姆（Nalimu）引起，1868年他们从阿拜昂环礁来到塔比特韦亚环礁，首先将岛屿北部两个人口最稠密的村子的村民变成基督徒，随后，塔比特韦亚环礁北部的其他村子的村民都准备接受新的宗教，只有塔奈昂（Tanaiang）村除外，这个村的村民已经接受天主教。坎普派人要求他们接受新的宗教，塔奈昂村人拒绝了。在发生于1879年5月的首次宗教战争中，塔奈昂村人被打败，有14人被杀死。这一事件标志着塔比特韦亚环礁北部人民的信仰发生转变。1881年，塔比特韦亚环礁北部的基督徒对岛屿南部的异教徒宣战，这通常被认为是塔比特韦亚环礁重要的一次宗教战争。这场战争发生在岛屿南部的特瓦伊

(Tewai) 村附近。基督教军队从四面发动进攻，大量人被杀，海水都被染红了，因而这场战争有时被称作 Buruburu Te Rara, 意思是"鲜血喷溅"。据估计超过 1000 人在这场战争中被杀死。基督徒继续向南进军，杀死所有逃走的人，焚烧房子，宣布占有大片土地，征服岛屿南部。整个塔比特韦亚环礁接受了基督教及其道德生活的新规则。

第二节 欧美扩张与殖民地时期的岛屿历史

一 各岛屿的"发现"

基里巴斯各岛屿的"发现"是西方世界地理探索和经济、政治扩张的过程。吉尔伯特群岛 16 个岛屿的"发现"从 17 世纪持续到 19 世纪。1605 年，西班牙探险家佩德罗·费尔南德斯·德·奎罗斯（Pedro Fernandez de Quiros）发现了马金岛，次年他发现了布塔里塔里环礁。1765 年，英国舰队司令约翰·拜伦（John Byron）发现尼库瑙岛。1788 年，英国人托马斯·吉尔伯特船长发现了阿拉努卡环礁、库里亚岛、塔拉瓦环礁和马拉凯环礁。1826 年英国捕鲸船船长约翰·帕尔默发现贝鲁岛。之后，随着澳大利亚杰克逊港的殖民，以及从澳大利亚到中国的外部航线的建立，吉尔伯特群岛的其他岛屿被陆续发现。吉尔伯特群岛成为各种船只包括捕鲸船、贩奴船和商船的停靠港。1821 年，来自美国马萨诸塞州的第一艘捕鲸船来到吉尔伯特群岛水域。到 1828 年，有 100 多艘美国捕鲸船，以及同等数量的来自英国和澳大利亚的捕鲸船在这一带水域捕鲸。在这一时期，欧洲人称这个包括 16 个珊瑚岛的群岛

第二章 历 史

为吉尔伯特群岛。

欧美的捕鲸船是西方世界真正开始影响吉尔伯特群岛的先锋。基里巴斯历史学家认为19世纪30年代是吉尔伯特群岛历史上的重要时期,因为此后捕鲸船经常光顾这些岛屿,因而改变了岛民的生活方式。19世纪30~40年代是吉尔伯特群岛进入世界商贸圈的准备时期。自30年代开始,欧美商船来到吉尔伯特群岛寻找财富,虽然直到40年代吉尔伯特群岛并不是欧美人理想的商贸之地,贸易量也微不足道,但是也正是在这一时期,因为椰油应用技术的成熟,吉尔伯特群岛开始吸引欧美人的关注,有几位更富于开拓精神的捕鲸船船长开始将从事椰油贸易作为副业。

欧美发现莱恩群岛的时间从17世纪初持续到19世纪。1777年,英国航海家詹姆斯·库克在夏威夷以南2080公里的太平洋海域登上一个岛屿,因为当时正值圣诞节前夕,故命名这个岛屿为圣诞岛。1789年美国探险家埃德蒙·范宁船长访问塔布阿埃兰环礁,该岛后被称为范宁岛。1823年英国一艘捕鲸船的船长瓦伦丁·斯塔巴克(Valentine Starbuck)发现斯塔巴克岛。1823~1840年,英、美探险家访问了莱恩群岛。19世纪下半叶欧美人开始在莱恩群岛挖掘鸟粪和磷酸盐矿,所有的岛屿都受到了影响,其中沃斯特克岛、华盛顿岛、圣诞岛受到的影响轻微一些,而麦尔登岛在1860~1927年被持续挖掘了近70年,这导致筑巢种信天翁和红尾鹲消失。自1846年起有人登上加罗琳岛,在那里经营小型畜牧业,收割椰子的人也往来于此,这种情况持续到20世纪30年代。

菲尼克斯群岛的发现同样持续了漫长的时期。坎顿岛在1595年被西班牙探险家阿尔瓦罗·德·门达纳首次发现,1824年再次被"凤凰"号船长约翰·帕尔默和"玛丽"号船长爱德华·里德

19

基里巴斯

发现,因1854年美国"坎顿"号捕鲸船在此遇难而得名。1794年英国亨利·巴伯上尉发现麦基恩岛,1823年英国伦敦"悉尼"号捕鲸船船长艾米特(Emment)发现曼拉岛和伯尼岛。同年英国伦敦捕鲸船的詹姆斯·J.科芬海军上尉发现了恩德伯里岛,他以捕鲸公司老板恩德伯里的名字命名这个岛屿。1824年英国伦敦捕鲸船的约翰·帕尔默上尉发现拉瓦基岛。1828年美国人发现了尼库马罗罗岛。1840年查尔斯·威尔克斯率领的美国"文森特"号船发现奥罗纳岛。自19世纪20年代起,菲尼克斯群岛成为南太平洋地区最著名的捕鲸场地。19世纪50年代之后,美国人在恩德伯里岛、麦基恩岛、拉瓦基岛上挖掘鸟粪。

1804年,英国"大洋"号船来到巴纳巴岛,船长约翰·迈特霍(John Mertho)用他的船名为之命名,称之为大洋岛。之后,在来到这个岛屿的捕鲸船、贩奴船和贸易船中,大洋岛渐渐以"Banaba"闻名,这是巴纳巴人自己的称呼。从19世纪初开始,巴纳巴岛为捕鲸船所熟知,船员们来巴纳巴岛补充食物,购买猪肉、鱼。从1819年开始,因为捕鲸船发现了从东边的莱恩群岛到西边的瑙鲁的一个赤道群岛区域,巴纳巴人开始频繁地见到白人的船,每年达几百艘,有少量船只会停在巴纳巴岛,购买新鲜的食物。英国和美国的捕鲸船经常访问巴纳巴岛一带,寻找抹香鲸。白人开始出现在巴纳巴人的生活里,向他们传授了一些技能,并留下混血的孩子。

二 "上帝的发现"

19世纪下半叶,吉尔伯特群岛人民先后接受了美国的新教传教团、英国伦敦的新教卫理公会传教团,以及法国的天主教圣心会传教团。最早来到密克罗尼西亚的新教传教团是由美国的外国传教团与其下属的夏威夷福音传道协会联合资助的，他们在密克罗尼西亚寻找合适的传教中心。1852 年他们在前往马绍尔群岛的途中，首次访问吉尔伯特群岛最北部的两个岛屿——布塔里塔里环礁和马金岛，岛屿首领不想让传教士待在他的岛上，传教团没有留下，而是选择在加罗林群岛（包括现在的密克罗尼西亚联邦和帕劳）的科斯雷岛和波纳佩岛传教。

1857 年，美国传教士海勒姆·宾厄姆（Hiram Bingham）再一次考察吉尔伯特群岛。当时的吉尔伯特人中，有的对传教士强烈反感，当然也有对其表示欢迎的。前者如阿贝马马环礁的最高首领，他统治阿贝马马环礁、库里亚岛和阿拉努卡环礁，不允许白人进入他的领地。后者如阿拜昂环礁的最高首领，他敦促考察者了解阿拜昂环礁具有的优越条件，答应为传教团提供足够多的合适场地，保护传教士的生命和财产安全，并且他的许多人民似乎跟他一样热切希望有一位常驻的欧洲传教士。结果物质条件差的阿拜昂环礁成为最早的传教中心。

宾厄姆成为第一位在吉尔伯特群岛定居的传教士，也是吉尔伯特群岛第一位有影响的传教士。1857 年 11 月，宾厄姆和妻子一行人乘"晨星"号双桅帆船到达阿拜昂环礁。1859 年，一个容纳 300 人的教堂建成，这是吉尔伯特群岛的第一所教堂。事实上，传教团在阿拜昂环礁的传教事业举步维艰，虽然岛民没有明显的敌意，但他们对传教士和他们的学校教育并无兴趣。到 1861 年，只有不足 20 人参加宗教聚会，而学校几乎无人问津。1882 年，培训学校迁往高海拔而且土壤肥沃的科斯雷岛，那里成为吉尔伯特群岛和马绍尔群岛的传教中心，阿拜昂环礁失去了持续 23 年的传教中

心的地位。

吉尔伯特群岛的其他岛屿不久也见证了基督教的到来。19世纪60年代，夏威夷传教士到达塔拉瓦环礁、塔比特韦亚环礁，之后，他们陆续进入吉尔伯特群岛北部、中部的大部分岛屿。在阿贝马马环礁，最高首领起初坚决抵制传教士的劝诱，直到1873年他的态度才有所转变，允许一位来自吉尔伯特群岛的传教士登岸，并在岛上创办学校。在这一年，吉尔伯特群岛的7个岛屿上有夏威夷传教士，但传教成效甚微，只有不到120个成员，其中只有78人信仰比较坚定。

到19世纪70年代末和80年代，吉尔伯特人开始对传教士有了较多回应。在阿拜昂环礁，传教士创办了5所学校，有近400人参加集会，虽然这与2500人的岛民数量相比并不多。更重要的是，阿拜昂环礁的新任首领支持传教，他强行禁止生产和消费椰汁酒，积极引进传教士赞成的法律。在马拉凯环礁有同样的趋向，传教士帮助当地人制定法律和建立新政府，禁止私人拥有火器，这反映了传教士对当地社会的影响。在布塔里塔里环礁、马金岛、塔比特韦亚环礁和诺诺乌蒂环礁，都出现了基督教信仰的热潮。在传教士的影响下，岛民开始穿衣服，禁烟也有了成效。穿衣、禁烟酒与一夫一妻制都是新教传教士的宣传内容。

塔比特韦亚环礁是美国新教传教事业的南端，它以南的贝鲁岛、尼库瑙岛、奥诺托阿环礁、塔马纳岛和阿罗赖岛是英国伦敦新教传教团传教的对象。伦敦传教团于1865年进入埃利斯群岛，19世纪70年代进入吉尔伯特群岛，在30多年里，以萨摩亚传教士为主的传教团改变了整个埃利斯群岛和吉尔伯特群岛南部5个岛屿的人民的生活方式。

第二章 历 史

1888年5月，属于天主教的法国圣心会传教士进入吉尔伯特群岛。塔比特韦亚环礁以北的诺诺乌蒂环礁人最早接触到他们。吉尔伯特群岛南部的伦敦传教团基本上可以对抗天主教的挑战，中部和北部的美国传教团没能抵挡住天主教的影响。两年后，天主教传教士宣布他们已有1500名信徒，这是诺诺乌蒂环礁人口的一半。到1892年，有超过2000人改信天主教，大部分是诺诺乌蒂环礁人和塔比特韦亚环礁人。1894年，受洗礼的天主教信徒超过了5000人。在整个90年代，塔比特韦亚环礁以北的吉尔伯特群岛人民迅速接受天主教。美国新教最终失去了先前获得的地盘，于1917年撤离吉尔伯特群岛，吉尔伯特群岛有一半人成为天主教徒。[①]

19世纪80年代，美国卫理公会的传教士沃尔卡普（Walkup）乘夏威夷传教团的"晨星"号船到达巴纳巴岛。他敦促人们忏悔，按照习俗，岛屿长者召集会议，让所有人自己决定忏悔的内容。到1889年，已有不少巴纳巴人成为基督徒，另外至少一半人依然坚持原有的信仰。

到19世纪末，新的宗教已经成功传播，岛屿社会传统发生巨变。在巴纳巴岛，传教士规定了各种罪行的罚金。例如，星期天在教堂外面说话，星期天在村子外面走动，星期天救助一个溺水的人，而这个溺水者因捕鱼违反了安息日法，等等，都是犯罪，触犯者面临罚款或监禁，所有罚款都以椰子交付，巴纳巴人的收入被集中到了传教团那里。巴纳巴人学会在白人面前包裹他们裸体的孩子，遮蔽妇女的胸部和大腿。一个男孩刚刚学会站立，就必须包裹

---

① Maude, H. E., Doran Jr., Edwin, "The Precedence of Tarawa Atoll", *Annals of the Association of American Geographers*, Vol. 56, No. 2, 1966, pp. 269–289.

腰布。这样的行为不仅对商人有利,也对传教士有利,因为巴纳巴人所需要的物品都需要向商人购买,传教士从商人那里获利。①

二战后,基督复临安息日教会、巴哈伊教、耶稣基督后期圣徒教会、伊斯兰教以及神召会等在吉尔伯特群岛传播,导致吉尔伯特人的信仰发生一定程度的变化,其中前三个影响最显著。巴哈伊教的迅速传播是一个范例,这一宗教创立于 1844 年,1954 年塔比特韦亚环礁人坎尼瑞(Kanere)和妻子艾蕾娜(Elena)首先将之传入阿拜昂环礁,之后坎尼瑞被遣返回塔比特韦亚环礁,这使他与妻子在两地分别宣传巴哈伊教。他们在两个岛屿建立学校,在塔比特韦亚环礁建了 4 所基础学校,这些学校在 50 年代末被关闭。巴哈伊教不要求教民履行贡献财物的义务,事实上反而慷慨地向人民提供食品和医药,不要求教民一定遵从安息日法,这在一定程度上吸引了基督教徒和天主教徒转变信仰。

三 巴纳巴岛磷酸盐矿的戏剧性发现

19 世纪末,英国人口的增长增加了对食物的需求,澳大利亚贫瘠的土壤急需肥料,许多人到处寻找磷酸盐矿。墨尔本的一家由英国人约翰·阿伦德尔(John Arundel)经营的公司,从 19 世纪 70 年代开始在吉尔伯特群岛收购干椰肉,并在莱恩群岛挖掘鸟粪。阿伦德尔根据自己的地理知识以及在吉尔伯特群岛、莱恩群岛的工作经验,坚信在这些岛屿中有一个大的磷酸盐矿,为此他于 1890 年成立太平洋岛屿公司,但是直到 90 年代末,他并没有找到那个大的宝藏。为避免公司破产,阿伦德尔决定与另一家公司合并,除

---

① Raobeia Ken Sigrah, Stacy M. King, *Te Rii Ni Banaba* (*The Backbone of Banaba*), p. 198.

了经营鸟粪，也从事珍珠贸易，但是直到1899年仍没有起色，公司面临破产的命运。

一天，太平洋岛屿公司的一位磷酸盐矿专家新西兰人埃尔伯特·埃利斯（Albert Ellis），下意识地对一块油灰色石头多看了一眼，这块石头是用来固定他实验室敞开的门的，是阿伦德尔数年前收集来的。埃利斯检验这块石头，发现它与贝克岛磷酸盐矿石有着同样的构造，但是这块石头之前已被鉴定为磷酸木。三个月后，公司面临破产，算是最后的挣扎，埃利斯再次检验那块石头，检验的结果是，这块镇门石磷酸盐含量极高。这块石头是从瑙鲁捡来的，按照1880年英、德对太平洋地区的分割，瑙鲁属于德国的势力范围，分界线正好从瑙鲁和巴纳巴岛之间通过。德国科学家还没有发现瑙鲁的磷酸盐矿，当时只是将之用作椰子种植基地。埃利斯从未去过瑙鲁，但是他回忆起一个船长曾告诉他，巴纳巴岛与瑙鲁构造相同，他决定前往瑙鲁和巴纳巴岛考察。1900年5月3日埃利斯到达巴纳巴岛，淳朴的土著人对他的到来没有提出什么问题。调查结果显示，巴纳巴岛磷酸盐矿品质极佳，并且矿藏深不可测。埃利斯与土著人商讨开掘地点，人们说他们只有小片土地，上面的椰树是他们的生计来源，因而他们不能出卖，埃利斯可以自由地建房子，安置轨道，只要不侵占他们的椰树和土地即可。但是埃利斯还是发现了愿意出卖他们部分土地的人。埃利斯代表太平洋岛屿公司（后来改称太平洋磷酸盐公司）与一些巴纳巴人签订了一个协议，以每年50英镑的租金开采磷酸盐矿，凡生长果树的土地不准开采。

在此二十多年前，巴纳巴岛经历过一场毁灭性的干旱。一个名叫普拉朗（Pulalang）的巴纳巴人表示，他高兴看到埃利斯在他的村子附近工作，好久没有白人在岛上生活了。由于淡水供应不足，

基里巴斯

很多当地人因此而死亡。埃利斯告诉他们,他将带来足够多的蓄水池和水箱,没有降雨时将从海水中提取淡水,只要他在岛上,将不会再有人因为喝不到水而死去,只要他们为锅炉供应薪柴。合同签署后,一位长者严肃地问劳工将要喝什么,岛上没有持久的淡水,当被告知埃利斯将带来机器从海水中提取淡水时,他们说,如果白人能做这样的事情,那么他们什么都能做。

巴纳巴岛迅速成为保护区最大的收入来源地。至 1908 年前后,磷酸盐每年出口已经超过 10 万吨。太平洋磷酸盐公司雇员有 50 个欧洲人和 1000 个吉尔伯特群岛和埃利斯群岛人,还有中国人、日本人,巴纳巴岛上的非土著人数超过了整个英国保护区外国人的总数。

随着开矿涌入的人群带来外部世界的疾病,雅司病、狼疮、哮喘、梅毒等在岛上肆虐,迅速在巴纳巴岛传播。土著人不得已建起一个药房,由太平洋磷酸盐公司供应药品。尽管如此,土著人中有了这样一些人:烂腿的人,没有鼻子的妇人,身体溃烂的男孩,没有嘴唇的孩子,等等。埃利斯的妻子参加了药房的创建,1909 年 10 月 6 日,她在 34 岁生日刚过时死于疾病,她的墓碑至今还在岛上。[①]

四 吉尔伯特群岛和埃利斯群岛保护区、殖民地的建立与首府选择

经过长期的扩张角逐,到 1886 年,英国和德国签订条约瓜分南太平洋,成为南太平洋岛国的主要"保护者"。新几内亚岛、新不列颠岛、新爱尔兰岛、所罗门群岛北部为德国的势力范围,所罗

---

① Raobeia Ken Sigrah, Stacy M. King, *Te Rii Ni Banaba* (*The Backbone of Banaba*), pp. 150 - 180.

第二章 历　史

门群岛的剩余部分、吉尔伯特群岛、埃利斯群岛及其以东的其他岛组为英国的势力范围。因为看不出吉尔伯特群岛的价值，所以最初英国只是吉尔伯特群岛勉强的管理者而已。此时，美国的贸易公司已表现出占领该群岛的兴趣。德国担心美国势力的渗透，1891年，德国政府敦促英国政府在这一地区采取更积极的行动，其动机是保护德国在萨摩亚种植园的劳动力供给。英国意识到其对德国的担心实际上超出对美国的，于是一改往日的消极态度，于1892年派遣保皇党人丹威斯（H. M. Davis）船长在与岛屿长者签订条约的基础上，宣布吉尔伯特群岛和埃利斯群岛为英国的保护区。次年，英国以同样的方式宣布所罗门群岛为英国的保护区。保护区的建立对英国商人有利，有利于保护英国商人安全。

在吉尔伯特群岛，19世纪因英德等国的介入，家族间、岛屿间的战争变得激烈，岛民以及生活在那里的外国人都迫切需要强有力的统治。吉尔伯特群岛的传教先锋宾厄姆在经历了阿拜昂环礁和塔拉瓦环礁几乎不间断的战争的痛苦后，不得不承认，如果英国或美国政府以结束战争为动机来统治吉尔伯特群岛，惩治为恶者，奖励善良者，那么他愿意整个群岛转移到如此统治之下，因而，1892年英国宣布建立保护区至少受到部分吉尔伯特群岛土著人和外来人的欢迎。

作为保护区的宣布者，在1892年5月27日到6月17日的20天里，丹威斯船长稳健而切实地完成了任务。他一边制止内战，一边确立英国的统治，他与每个岛屿的长者谈话，征得他们的同意宣布建立保护区。他到达塔拉瓦环礁，在那里建立保护区政府。北塔拉瓦、南塔拉瓦的首领签署了和平条约。丹威斯任命一人为塔拉瓦环礁最高首领，另一人负责处理政府和塔拉瓦环礁人民间的事务。

基里巴斯

他访问被宗教战争蹂躏的塔比特韦亚环礁，驱逐了发起宗教战争的传教士坎普，英国政府接管塔比特韦亚环礁的领导权。丹威斯到达阿贝马马环礁后，阿贝马马环礁统治者接受英国的统治，阿贝马马环礁上升起了英国国旗。布塔里塔里环礁发生的事情颇为有趣，最高首领想要接受美国的统治，实际上他已经去了美国请求美国国旗，但是当他返回时，英国国旗已经飘扬在吉尔伯特群岛。

英国政府开始正式实施行政管理。1893年，英国政府任命C. R. 斯维恩（C. R. Swayne）为第一位常驻行政长官。为了便于对各岛屿的统治，行政长官开始任命岛屿官员，这些官员由人民选举产生，分别是地方法官（治安官）、警察、典狱官。在吉尔伯特群岛的北部岛屿，首领被任命为岛屿政府领袖，保护区政府是监督传统领袖的机构；在南部岛屿，因为没有首领，官员是按照资质从当地人民中选举出来的。这些岛屿委员会官员都由当地人担任，所以很少有人反对这一制度。

除吉尔伯特群岛，其他各岛屿纳入英国统治的过程大致如下。圣诞岛、范宁岛于1888年被英国据为己有。巴纳巴岛本来并未得到英国的青睐，在英、德两国分割太平洋的运动中，巴纳巴岛虽然在英国保护区范围内，但英国无心于它，因此巴纳巴岛得以保持独立直到1900年。太平洋岛屿公司为向殖民部申请磷酸盐出口许可证，建议将巴纳巴岛纳入保护区。1901年9月28日，一位海军官员登陆巴纳巴岛，宣布这个岛屿为保护区行政长官监督之下的英国领地。

1915年11月10日，英国政府将吉尔伯特群岛和埃利斯群岛保护区变成吉尔伯特群岛和埃利斯群岛殖民地（GEIC）。次年，巴纳巴岛、莱恩群岛的华盛顿岛和范宁岛被并入殖民地，1919年圣诞岛被并入殖民地。1937年菲尼克斯群岛的8个岛屿被并入殖民

第二章 历 史

地。至此，吉尔伯特群岛和埃利斯群岛殖民地统治 37 个岛屿，包括吉尔伯特群岛的 16 个岛屿，埃利斯群岛的 9 个岛屿，菲尼克斯群岛的 8 个岛屿，莱恩群岛的 3 个岛屿，以及巴纳巴岛。1938 年美国占领菲尼克斯群岛的坎顿岛和恩德伯里岛，宣布对该两岛拥有主权。1939 年英美同意共同控制这两个岛屿 50 年。因为它们具有潜在的泛太平洋的重要性，岛上设施保留到 1967 年。

随着保护区的建立，建立行政中心的需求浮出水面。在最初的几年里，早已成为商业中心的布塔里塔里环礁成为过渡期首府所在地，但是，布塔里塔里环礁处于群岛北端的位置是一个缺点。最终，吉尔伯特群岛中部的塔拉瓦环礁被选为永久的首府所在地。塔拉瓦环礁南部人口最稠密的贝肖岛被选定为建立首府的地点。1896 年初首府建成。首府的建筑包括一个附加了法院的行政长官的居处、一座监狱、两处为翻译和治安官建的小房子。当新任行政长官 W. 特尔弗·坎贝尔（W. Telfer Campbell）于 1896 年 1 月到来，一切准备就绪，贝肖岛作为保护区首府，很快发展成为中太平洋的一个中心。

1900 年，人们在巴纳巴岛上发现储量巨大、品质极佳的磷酸盐矿，巴纳巴岛迅速成为英国太平洋保护区最繁华的岛屿和最大的收入来源地，为方便联系和监督磷酸盐矿业的运作，英国接受坎贝尔的建议，1908 年将保护区首府从塔拉瓦环礁迁到巴纳巴岛。坎贝尔将新首府选在岛屿中央高原的边缘、俯瞰大海的地方。太平洋岛屿公司为保护区建设了新的首府，自此巴纳巴岛作为保护区以及之后的殖民地首府达 34 年，直到 1942 年被日本占领。

20 世纪吉尔伯特群岛和埃利斯群岛殖民地发展迅速，发展动力来自多个方面，包括大公司、小业主和宗教，当然更大的动力来自殖民地自身，而这些发展大多落实在塔拉瓦环礁。在 20 世纪开

基里巴斯

始的一二十年里，伯恩斯·菲利普公司在进入吉尔伯特群岛贸易时就将他们的主要仓库和转运中心建在贝肖岛，在那里建立了他们自己的船货码头和汽艇、驳船港口，一个商业性的无线电台通过巴纳巴岛与澳大利亚等外部世界保持联系。到1924年，伯恩斯·菲利普公司成为殖民地最大的椰产品出口公司，而塔拉瓦环礁成为吉尔伯特群岛最重要的商业中心。与此同时，殖民地统治者开始关心当地社会的福利，岛屿和平得到维持，司法正义被执行；政府通过建设岛屿医院体系开展医疗普及工作；通过提供津贴确保标准的乡村学校正常运转；通过鼓励设立乡村合作社促进经济发展。塔拉瓦环礁是这一系列工作的中心，医务部的总部、中心医院、麻风病患者救治站、精神病院都建在塔拉瓦环礁，此外塔拉瓦环礁还是医护人员的培训中心，以及巡回医疗官员的基地。1920年，殖民地增设教育部，基地仍然设在塔拉瓦环礁，政府在那里建立了一所寄宿的中心中学，其主要任务是培养政府人员。官员的快艇和医务部的船都在贝肖岛，因此驻扎在塔拉瓦环礁的政府官员经常比在巴纳巴岛的更多。上述一切使塔拉瓦环礁再次拥有作为行政中心的重要地位。1927年，天主教的传教总部被布兰斯（Blance）主教迁回塔拉瓦环礁（19世纪中叶最初建在阿拜昂环礁，1880年迁往加罗林群岛），塔拉瓦环礁成为吉尔伯特群岛乃至马绍尔群岛的宗教中心。19世纪30年代，塔拉瓦环礁的市场不断扩大，经济欣欣向荣。

二战期间和战后塔拉瓦环礁的重要性继续提升。二战前，殖民地首府应该根植于当地社会的政治理念已被提出，再一次引发关于首府地点的讨论。重新考察殖民地首府地点的工作初步展开，塔拉瓦和阿贝马马两个环礁成为选择对象，然而，最后的决定还没有做出，日本就侵占了吉尔伯特群岛和巴纳巴岛。日本占领吉尔伯特群岛期间，部署重点就在塔拉瓦环礁，日本在岛屿西南的贝肖岛修建了机场，这是吉尔伯特群岛唯一完整的机场。1943 年 11 月盟军攻克塔拉瓦环礁后，英国行政官员与美军一起进驻塔拉瓦环礁，同年底在此建立殖民地首府，当时巴纳巴岛还处于日军占领之下。塔拉瓦环礁已经成为临时首府所在地，来自英国和美国的相当数量的资金已经用在那里，用于建设房屋和其他福利设施，显然，定都塔拉瓦环礁可节省不少费用。到 1947 年末，政府决定将首府建在塔拉瓦环礁，但具体地点尚未确定。到 1952 年末，首府建设方案确定：商业中心和地区委员留在贝肖岛，一个全新的秘书处建在岛屿东南角的邦里基村，在其东 12 英里、距离机场不远的比克尼波（Bikenibe）村将建一所医院。新首府自 1953 年底开始建设，到 1959 年主体部分完成。到 1963 年，从邦里基村到主岛的堤道建成。从邦里基机场跑道到贝肖岛商业中心分布着学校、医院、政府和服务机构。塔拉瓦环礁成为最终的首府和今天基里巴斯共和国的首都所在地。今天，商业中心贝肖岛依然是进入塔拉瓦环礁的港口，也是椰产品和珍珠贝的出口港，这里还有师范学院、海员培训学校和一个国际机场。①

第三节　第二次世界大战时期

一　日本占领吉尔伯特群岛和巴纳巴岛

吉尔伯特群岛最北端的马金岛最早被日本占领。日本占领马金

---

① Maude, H. E. and Doran Jr., Edwin, "The Precedence of Tarawa Atoll", *Annals of the Association of American Geographers*, Vol. 56, No. 2, 1966, pp. 269–289.

基里巴斯

岛的行动开始于 1941 年 12 月 3 日，日军从驻扎贾卢伊特（Jaluit，日本占领马绍尔群岛时期的行政中心）的警卫部队派遣出一个连队，组成吉尔伯特群岛特别登陆部队。这支部队有 200 多名军人和一些劳动力，8 日从贾卢伊特出发，10 日到达马金岛，随即占领马金岛。同月 24 日，一艘日本军舰第一次到达塔拉瓦环礁，将岛上唯一的大公司伯恩斯·菲利普公司洗劫一空，但是没有在此驻扎。日军在马金岛上建设了海上飞机基地以及沿岸防御工事。在 1942 年 8 月 17 日卡尔森偷袭马金岛之前，这支部队缩小到 43 人，由一个准尉指挥，这也是日军当时在马绍尔群岛以南太平洋地区仅有的驻守部队，这支部队击退了卡尔森率领的 221 名美国海军的袭击。

卡尔森袭击刺激了日本，日本立即开始向吉尔伯特群岛集结军力。8 月 20 日大批日军到达马金岛。25～29 日日军攻占瑙鲁，26～27 日攻占巴纳巴岛，8 月 31 到 9 月 4 日攻占阿贝马马环礁。9 月，横须贺第六特别海军陆战队从日本来到吉尔伯特群岛，共 1509 名官兵，这是到达这一地区的最大武装力量。他们于 15 日到达塔拉瓦环礁，小部分派驻马金岛和阿贝马马环礁。这支部队一直驻守到 1943 年 11 月美军攻克塔拉瓦环礁。9 月、10 月间，少量日军到达其他岛屿，清除盟军留下的通信中心。10 月 6 日，日本宣布吉尔伯特群岛的盟军被清除，通信设备被摧毁。

卡尔森袭击是日本对吉尔伯特群岛政策的分界线，此后吉尔伯特群岛及邻近岛屿在日本防御战略中的地位日益重要。卡尔森袭击之前，日本只有一支 43 人的小部队在一个准尉指挥下驻守马金岛，袭击发生之后日本马上调集大军驻守吉尔伯特群岛，另有 4 个连驻守瑙鲁和巴纳巴岛。日军指挥机构也发生变化，在卡尔森袭击之前驻守马金岛的是特别登陆部队，隶属于贾卢伊特的第六十二警卫部

第二章 历 史

队，第六十二警卫部队隶属于夸贾林岛（现属于马绍尔群岛）第六基地，第六基地则隶属于特鲁克岛（现属于密克罗尼西亚联邦，太平洋战争期间为日本海军联合舰队司令部所在地）的第四舰队。在卡尔森袭击之后，日本派往吉尔伯特群岛的横须贺第六特别海军陆战队直属于夸贾林第六基地，并在塔拉瓦环礁的贝肖岛设立总司令部，它的两个下属司令部分别设在马金岛和阿贝马马环礁。第六基地还分别从第四十三警卫部队、第六十二警卫部队派出登陆部队，在瑙鲁和巴纳巴岛设立司令部。在1942年冬季和1943年早春，日军加强吉尔伯特群岛的防御，进一步提高吉尔伯特群岛的战略地位。1943年2月横须贺第六特别海军陆战队被遣散，吉尔伯特群岛总司令部被重新命名为第三特别基地，新司令部不仅负责塔拉瓦环礁、马金岛和阿贝马马环礁的防御，也负责瑙鲁和巴纳巴岛的防御，与夸贾林的基地为同等级。这种指挥部重组清晰显示出卡尔森袭击后日本对吉尔伯特群岛的战略态度的变化。

　　日本继续提升包括吉尔伯特群岛在内的中太平洋的战略地位，花费重金在吉尔伯特群岛修建防御工事。1943年5月，从拉包尔岛（现属于巴布亚新几内亚）东南方面舰队分出的佐世保第七特别海军陆战队到达塔拉瓦环礁，这一行动说明日本高层指挥有意削弱所罗门群岛—巴布亚新几内亚的战略地位，增强包括吉尔伯特群岛在内的中太平洋的战略地位。同在5月，日本制订了一个被称为"Z行动"的整体防卫新计划，这个计划将防御阵线穿过阿留申群岛、威克岛、马绍尔群岛、吉尔伯特群岛、瑙鲁、巴纳巴岛以及俾斯麦山（位于新几内亚岛东北部）。与此同时，防御工事和机场建设也在飞快地进行，主要集中在塔拉瓦环礁。塔拉瓦环礁布防的重点放在西南的贝肖岛上，不到一年时间，日军修建了500多座水泥

堡垒、防御工事和纵横交错的壕沟。岛的四周布满枪炮火力网点，日军部署了40门各种口径的大炮，包括加农炮、海岸炮和山炮。到1943年，这个弹丸小岛上集结了4836名日军，包括特种登陆部队2600人。

二　基里巴斯人民的战争经历

1942年8月卡尔森袭击之后，日本飞机轰炸摧毁了马金岛的可伊乌（Keaua）村。日军一是为复仇，因为吉尔伯特人帮助了卡尔森的队伍。二是日军认为村民藏匿了部分留下来的美军，47个吉尔伯特人被杀，30人受伤；9名美军藏在另一个村子里，不久被逮捕，后被监禁在马绍尔群岛的夸贾林岛。

日军的占领对吉尔伯特人民的最大影响是食物资源受到限制。在塔拉瓦环礁，因为要建设机场和其他军事设施，生产性土地失去很多，同时进口食品短缺。作为生活必需品的物品再次成为奢侈品，烟草、大米、牛肉罐头都无法获得，瓶子变得珍贵，妇女没有布料做衣服，只得重新穿上先前的草裙。

他们还经常遭到日本军队和强壮的日本劳工的掠夺，若偷取任何一点供应物资就会受到严重惩罚。在布塔里塔里环礁、塔拉瓦环礁和阿贝马马环礁，很多吉尔伯特人在劳工营里劳动。吉尔伯特男子可进入军事区，妇女则留在村子里。

巴纳巴人民却是悲惨的。日军抢劫财物、破坏岛上的设施和杀戮当地人民，岛民的任何拒绝和抵抗都意味着死亡。1943年11月美军攻克塔拉瓦环礁后，下一个战略目标是北方的马绍尔群岛，他们忽视了巴纳巴岛，岛上情况更加恶化。留在巴纳巴岛的人们经历了种种灾难。

第二章 历 史

在日本人的控制下，所有好的东西都属于日本人。日本人立下规定，发布命令，设立惩罚办法，惩罚那些违反规定和命令的人。有些人被一种坚硬的巴纳巴岛木料棒打，日军按照其犯罪程度来决定棒打次数。一些人被打碎脊椎，一些人肌肉感染。一些人被日本人挑选来维持秩序，他们是吉尔伯特人、图瓦卢人和巴纳巴人，如果他们不认真履行职责，他们自己就会被日本人打。

由于食品不足，日军决定转移走大多数岛民。岛民分别被迁往科斯雷岛、瑙鲁和塔拉瓦环礁，男人被遣送到日本在这几个岛屿上的劳动营里工作。大约160（一说143）个强壮男人留在巴纳巴岛，为日本人捕鱼、采集食物，其中100人成为士兵，日本人为他们配备了来复枪。

1945年8月19日，战争要结束了，日本人将要离开。岛民被集中起来，被日本军官集体处死。

三　战后吉尔伯特群岛的动荡和巴纳巴人离开家园

1943年11月24日，塔拉瓦环礁解放。美国国旗和英国国旗并排升起在贝肖岛上空，一面旗帜象征占领，另一面象征帝国回归。在塔拉瓦环礁，三分之一的土地被征用，用于军事目的，日本在贝肖岛的机场恢复，政府在邦里基又修建了一个机场。在阿贝马马环礁，当地人约有850人，妇女为8000人的军队洗涤衣物以及制作工艺品，男人都被雇用。殖民地政府还从邻近岛屿招募了超过400个吉尔伯特人，他们筑路、修建防波堤、燃料管道、贮藏设施、活动房屋以及仓库。在布塔里塔里环礁，有1200人在劳动营里劳动。

美军的出现带给吉尔伯特人很大的震动。劳动营的生活对于返

35

基里巴斯

乡的吉尔伯特人影响深刻，不仅因为商品以及现金收入，还因为文明社会的传奇，美国人能在一个星期内建成一个机场，那么多外国人的出现，都与他们战前的与世隔绝和技术简单的状态形成鲜明对比。而他们的宗主国英国，现在只有少量的官员。在布塔里塔里环礁，有数千名美军，只有1名英国官员，他必然很难树立英国威望，尤其是他分发的食物、付给当地人的工资全部来自美国。美国财富吸引了吉尔伯特人。在布塔里塔里环礁，岛民拒绝接受地方政府取消临时雇用的决定，并在最高首领的领导下，拒绝本地法院的管辖，要求归属美国。他们对英国人不满的一个重要原因是，在失效三年后重建的当地政府，仍然坚持岛民应该从事公共劳动，即每年从事52天的无报酬的劳动，在这段时期里所有成年人都需要从事维护公共道路和公共建筑的劳动。在英国官员答应保留临时雇用的前提下，岛民同意接受地方政府的管辖。

　　同样的事情在塔拉瓦环礁也发生过。在1944年，统治者决定将不再允许吉尔伯特人进入军事区，除非他们被实际雇用，吉尔伯特人的工艺品贸易必须通过区公所和美国商店进行。决定宣布后，岛民的不满情绪爆发，数百名吉尔伯特人行进到邦里基的海军航空基地，要求指挥官取消此命令。警察和劳动营分遣队冲散了示威队伍，在大多数参加者遭到起诉后，这场运动失去了动力。

　　1945年12月15日，巴纳巴人被集中迁往3200公里以外的斐济的拉比岛。英国政府用巴纳巴岛的矿产税购买了拉比岛，该岛面积为70平方公里，海拔470米，有充足的淡水资源。巴纳巴人发现他们难以适应陌生的新家。他们被安置在快速搭起的军用帐篷里，给养只够他们生活两个月。更糟糕的是他们是在飓风期间到达的，他们开始经历寒冷和潮湿的天气，巴纳巴人的故土坐落在赤道上，他们从未经历过如此寒冷的天气。在经历了两三年的日本囚犯劳动营的生活的折磨之后，他们的身体健康状况不佳，军用帐篷难以帮助他们抵御斐济的飓风，许多老年人和年轻人死于肺炎。

第四节 民主独立进程

一 殖民地人民的独立意识和自治

吉尔伯特群岛和埃利斯群岛殖民地人民独立意识的觉醒开始于20世纪60年代。1947~1948年，印度、巴基斯坦、斯里兰卡、缅甸发生了轰轰烈烈的独立运动，这导致大英帝国开始解体。1949~1951年，英国殖民部对较小的领地进行了调查研究，结论是，大多数较小领地因太小、太分散，难以实现经济独立，而且缺乏独立所需要的经过训练的人才。1960年12月14日，联合国大会以90票赞成通过《关于准许殖民地国家及民族独立之宣言》，英国是少数弃权的国家之一。在20世纪60年代，对于国家问题的兴趣和意识开始在吉尔伯特群岛和埃利斯群岛殖民地本土人中发展，值得注意的是，独立意识觉醒的同时意味着分离，不仅埃利斯群岛期望与吉尔伯特群岛彼此独立，巴纳巴人也希望独立。

引导吉尔伯特群岛走向独立的一系列机构建设开始于20世纪50年代。首先，从1952年起每年举行的本土治安官大会，本来被视为地方政府的训练课程（治安官是英国引进的权力阶层，负责制定法律，作为殖民地政府的代表，在岛屿政治中具有支配地位），到1956年被扩大为两年一次的殖民地大会，参加会议的成员包括岛屿治安官、区代表、教会和公务员的代表。1963年，政府

建立了执行委员会，该委员会由4个官员和4个非官员组成，由属地代表任命；同年还建立了咨询委员会，该委员会由5个官员和12个非官员组成，其中包括执行委员会的非官员，这两个机构负责向属地代表通告、提供意见。

最可贵的进步是，20世纪60年代吉尔伯特群岛的新一代开始崭露头角。他们接受过良好教育，许多人有在海外培训和工作的经历，并且意识到在太平洋其他地区已经开始的政治变化，他们开始缔造自己的政党，走到政治运动的前沿，使殖民地当局开始倾听他们的声音。1965年，吉尔伯特国家党诞生，作为缔造者之一，雷乌本·K.乌蒂阿（Reuben K. Uatioa）成为那个时期领导吉尔伯特群岛人民的政治人物（之后成为新成立的众议院的第一任首席选任官）。乌蒂阿和他的一小群吉尔伯特跟随者促进了政治发展，他们开始对占殖民地人口少数的埃利斯群岛人所具有的优越地位表示不满。据1968年殖民地人口普查，在53517人的总人口中，44897人是密克罗尼西亚人，7465人是波利尼西亚人，而埃利斯群岛人作为少数的波利尼西亚人，在行政公职以及巴纳巴岛、瑙鲁磷酸盐矿工业的职位中占到三分之一。到60年代末，埃利斯群岛人民广泛地要求从殖民地分离，并以此应对来自吉尔伯特群岛的压力。

吉尔伯特群岛人开始影响政治的发展，如当时的党主席巴贝拉·基拉塔（Babera Kirata）所言，一旦他们将自己组织起来，殖民地当局就开始倾听他们的声音。他们建议，为建立吉尔伯特群岛和埃利斯群岛自己的立法机关而进行适当的选举，这将促使众议院的产生。英国在1967年做出回应，承诺使用新的宪法，用理事会代替执行委员会，用众议院代替咨询委员会。于是，殖民地举行了第一次选举，当地人第一次有机会直接参与国家的政治活动，选举他们的议员。吉尔伯特群岛选出18个代表，埃利斯群岛选出5个代表。2个当然委员会成员以及5个从众议院中选举出的成员组成了理事会。尽管这些新的政治机构具有立法和行政的职能，但他们的决定对属地代表不具有约束力，因而他们的真正权力是有限的。尽管如此，这是当地人民第一次直接选举他们自己的政治代表。

1971年，英国允许吉尔伯特群岛和埃利斯群岛殖民地自治。新的立法被引入，众议院被立法委员会代替，立法委员会包括3个当然委员、2个公共服务成员和28个选举代表。一个新的执行委员会建立，包括来自立法机构的当然委员和公共服务成员，以及5个从立法委员会代表中选出的选举代表。同一时期，吉尔伯特群岛和埃利斯群岛殖民地脱离西太平洋高级委员会，开始直接跟伦敦联系。当斐济于1970年独立，西太平洋高级委员会将首府移往所罗门群岛，此后吉尔伯特群岛和埃利斯群岛殖民地的属地代表被一个管理者代替，他现在直接跟伦敦打交道，而不再通过西太平洋高级委员会。尽管在制定某些领域的政策时执行委员会的选举成员具有更大的责任，但这个管理者保留了反对立法委员会和执行委员会的建议的权力，也就是说，自治依然是有限的。

1974年，吉尔伯特群岛和埃利斯群岛殖民地引入完全内阁制，这最终促使实现完全的国内自治。议会同时产生，成员包括3个当然成员和28个选举成员，其中20个选举成员来自吉尔伯特群岛，另外8个来自埃利斯群岛。内阁包括1个首席部长，从议会的选举成员中产生，6个其他部长由政府参考首席部长的意见任命。来自马拉凯环礁的代表纳布乌阿·拉希塔（Naboua Ratieta），在1974年4月4日普选之后被选为首任首席部长。以此为前提，1975年，独立的高等法院建立。1974年大选对吉尔伯特群岛的政治进程具

基里巴斯

有极其重要的意义,从此吉尔伯特群岛人民的国家意识觉醒,这为1978年的选举做好了准备。

至此,吉尔伯特群岛与埃利斯群岛进入分离的后期阶段,1974年8月和9月的投票决定了埃利斯群岛未来的政治地位。尽管有来自英国政府的阻力以及面临的糟糕的财政状况,但埃斯利群岛的谈判代表坚定不移地要求独立,绝大多数埃利斯群岛的人民投票赞成独立。官方的分离发生在1975年10月1日,尽管联合行政在塔拉瓦环礁持续到1976年1月1日。1978年10月1日,埃利斯群岛成为独立的国家——图瓦卢。

与吉尔伯特群岛和埃利斯群岛独立进程同样令世人瞩目的是巴纳巴人的觉醒。20世纪70年代,拉比岛的巴纳巴人派回将近100个(一说60个)年轻男女占驻巴纳巴岛,要求从吉尔伯特群岛政府手中收回他们的岛屿,同时巴纳巴人也已开始起诉英国政府和磷酸盐公司,因为他们违约移走了他们的果树并且过度开采磷酸盐矿。巴纳巴人坚持认为自己不同于吉尔伯特群岛,他们以英国和美国的关系比喻吉尔伯特人和巴纳巴人,双方有血缘关系,但彼此独立,巴纳巴在文化和历史上并非吉尔伯特群岛的一部分。塔拉瓦的政治家拒绝这个观念。巴纳巴人要求两件事,一是从吉尔伯特群岛和埃利斯群岛殖民地独立出来,二是英国政府和磷酸盐公司赔偿他们造成的破坏。他们争取独立的重要策略是证明他们在种族和文化上是独特的,与吉尔伯特人不同。

吉尔伯特群岛独立进程的下一步是实行内部政府自治,作为不晚于1978年3月的大选以及数月之后独立的必要步骤。继埃利斯群岛分离问题解决之后,巴纳巴岛问题浮出水面,1975年,在斐济总理卡米塞塞·马拉爵士(Sir Kamisese Mara)的要求下,英国政府延迟两个月承认内部自治，以便再次解决围绕巴纳巴人的权利的冲突。巴纳巴人自从移居拉比岛就成为斐济公民，受到瑙鲁人全部控制他们剩余的磷酸盐矿以及由此获得的收入的启示，巴纳巴人从 20 世纪 60 年代中期开始试图重新就他们自己的情况谈判。从 1965 年开始，他们享有的磷酸盐矿税增加到 15%（剩余的 85% 归吉尔伯特群岛和埃利斯群岛殖民地，在埃利斯群岛分离之后，剩余的 85% 归吉尔伯特群岛），在 70 年代已确定的租赁费中享有高达 50% 的份额。巴纳巴岛长者委员会委托他们的主席斯图牧师和管理者特布克（Tebuke）牧师负责对英国政府和磷酸盐公司的诉讼，两人在后来的几年里就此诉讼案件向全世界征求建议。1972 年，诉讼提交到英国高等法院，正式的诉讼程序开始，这是英国高等法院史上持续时间最长、最复杂、花费最高的民事诉讼案件。巴纳巴人民有两个要求：第一，依据 1913 年的开矿合约，磷酸盐公司有责任恢复被挖掘的土地，重新栽种果树，磷酸盐公司因违约应向巴纳巴人赔偿 600 万英镑。第二，英国政府为了自己的利益，在处理本来属于巴纳巴人的磷酸盐矿税时违反信托，巴纳巴人只收到矿税的 15%，并且英国为了澳大利亚和新西兰农民的利益以低于市场价出售他们的矿产，因此他们要求英国赔偿 2100 万英镑。诉讼期间英国民众对巴纳巴人的广泛同情和支持给英国政界和司法界施加了压力，1977 年 5 月 27 日，巴纳巴人得到 1000 万澳元的补偿，这笔钱用于建立为全体巴纳巴社会服务的基金，每年的收益将交付拉比岛的长者委员会用于巴纳巴岛的发展和社会事业。[①] 这笔钱与磷

[①] "The Trials of the Banabans", http://www.janesoceania.com/kiribati_banaba_trials/index.html.

基里巴斯

酸盐公司的赔偿无关,他们的赔偿是另外的事情。巴纳巴人只能接受这个解决办法,同时希望从吉尔伯特群岛分离,获得自治地位,与斐济自由联系。英国声明将在就吉尔伯特群岛独立进行协商时解决这一问题。英国延迟自治以便解决冲突的决定激发了吉尔伯特人的民族意识,吉尔伯特人对英国政府允许殖民地委托其他地方安置巴纳巴人普遍不满,认为英国政府被贪婪驱使,英国允许巴纳巴问题拖得太久就是拖延独立。

二 1978年制宪大会和大选

一直到20世纪70年代中期,吉尔伯特群岛政治的发展遵循着寻常的模式,即通过一系列有限的改变,从一个殖民地控制下的政府过渡到由当地人控制的政府,将殖民地宪法转变为英国传统的两院制模式的宪法。然而在吉尔伯特群岛,随着独立的临近,为了努力设计出一个更适合这个小岛国环境的宪法,广大公众被允许讨论独立宪法将采取何种形式,并召开制宪会议。改变的动力来自当时吉尔伯特群岛的统治者约翰·史密斯(John Smith),他认为应该开发另外的模式,对于两院制是否适合吉尔伯特群岛持怀疑态度,并且担心殖民地人民没有经验运作两院制下的政治。实际上,当时殖民地仅拥有一个执行委员会、一个立法委员会以及一个独立的高等法院。史密斯相信,鉴于许多前英国属地在独立几年后发现宪法不能很好地发挥作用而不得不修改宪法,这经常伴以不愉快的和流血的过程,他希望通过改变使新政府结构能很好地反映统治者和被统治者之间的关系,适应吉尔伯特群岛社会和文化的特征,使这个新国家避免遭遇相似的政治危机。

史密斯的理念促进了吉尔伯特群岛的创新,一院制议会代替两

第二章 历 史

院制议会，议会制与总统制密切结合，以及对包括总统在内的官员权力进行限制。制宪大会于1977年5月在塔拉瓦环礁的拜里基召开，会议持续了三周，与会者包括各岛屿和主要利益集团的近200名代表。通过广泛讨论，一些重要建议在大会获得通过，并被吸收进最后的文件中。议会的选举代表人数增加到35人，议会成员将从23个选区选出。此次选举引入第二轮投票，在第一轮投票中没能获得绝对多数选票的候选者可获得第二次投票机会。在议会选举后进行首席部长的全国大选。会议确立的政府结构是总统制和议会制相结合，总统同时是政府和国家的首脑。总统由公众投票选出，候选人有3人或4人，从议会成员中选出。总统大选之后，总统从议会成员中挑选他的内阁成员。由于人民尤其是外部岛屿的人，对中央政府普遍不信任，因此大会提议，宪法必须明确限制官员的权力，加强选民的地位，总统没有法律豁免权，如果被发现有罪，他将接受法院的传唤，并且须接受弹劾辞职。大会还提议，如果总统因国民的不信任而辞职，在新总统选举期间，将由一个国务委员会代行总统的行政职能。此次大会还确定，禁止建立任何军事力量。

在1974～1978年的4年里，拉希塔政府积极应对接踵而至的严重问题，同时努力适应与独立相关的急速的政治变化，在处理各种问题的方式上，这个政府显示出前所未有的自信，取得了可敬的成就。例如，他们承诺建立仲裁法庭，使工人、被雇用者、政府和法院有协商的基础。他们建立独立的椰子协会，以更好地保护作为最重要出口产品椰子的贸易。他们制定了新的教育政策，力求融合教会和政府创办的基础学校，建立一个理想的教师和课程标准。他们制订了国家储备基金计划。在经济方面与英国协商购买日本建造的捕鱼船，并与日本就关于日本在吉尔伯特群岛水域捕鱼权问题进

行讨论。为因外部岛屿机场建设项目而增加的资金寻找来源。在国际上，为取得南太平洋论坛的独立成员身份开始与之协商，获得亚洲发展银行的准会员资格，获得协议贷款建造贝肖岛到拜里基的堤道。尤其是最终解决埃利斯群岛分离和巴纳巴岛问题，他们探索通向独立道路的重要目标也已实现。当然，拉希塔政府也有自身的问题，这成为反对派耶雷米亚·塔巴伊（Ieremia Tabai）挑战的理由。

1978年2月1日，吉尔伯特群岛人民开始投票选举将带领他们走向独立的政府。首先是议会选举，此时，吉尔伯特群岛人口近6万人，达到投票年龄的人口中有81.9%的人登记投票，其中79.3%的人参加了2月1日的第一次选举。第二次选举于2月6日在那些没有在第一次选举中获得多数选票的候选人的选区进行，这次有77.6%的选民登记投票。1978年大选投票率比1974年大选提高很多，当时只有57.9%的选民登记投票。人民高度参与1978年议会选举，反映了他们对独立的热切期望，增强的政治意识，以及对现代政治体制的成熟理解，与先前的选举相比，现在吉尔伯特人民更加关注他们的代表是谁，他们是为心目中理想的未来国家领导人投票而不是出于亲戚关系或对当地问题的考虑，他们想要参加到国家政治中来而不是简单地选出某人。

1978年2月20日，刚刚由人民选举产生的新议会召开会议。它的第一个任务是决定是否使宪法修正案开始生效，以便允许进行首席部长的国家大选，这是制宪大会的提议之一，结果全体一致投票赞成，这再一次反映制宪会议的道义权威被议会的新成员认可。接下来议会的任务是提名首席部长候选人，时间在2月28日，有5个议会成员参与选举，其中包括前首席部长拉希塔，以及来自诺诺乌蒂环礁的塔巴伊（政府反对派领导人）。前任政府在这次议会大选中失去很多支持——15个代表中有8个本来一贯支持前政府的代表，在这次选举中失败了。超过三分之二的成员支持塔巴伊和另外3名候选人组成的联合候选人，因为宪法规定最多只能有4个候选人，所以从一开始就有淘汰拉希塔的效力。

最后的获胜者是年仅29岁的塔巴伊。他曾经环游大多数外部岛屿，在那里举行非正式会议，并利用南塔拉瓦电台的议会辩论广播，挑战拉希塔政府，表达他自己对所有问题的态度，例如他对快速城市化和因政府无力有效规划带来的问题的关注，以及对政府建立防御力量这一意图的坚决否定，这一切使他广为人知。他的胜利清楚地证明吉尔伯特群岛人民的政治意识趋于成熟，现在大多数选民不再存有他们通常的对于地理、宗教和年轻人的成见，选择来自中部吉尔伯特群岛的诺诺乌蒂环礁的这个男人有助于缓和南部和北部的敌对。塔巴伊是一个新教徒，虽然在5个天主教占统治地位的北部岛屿（马金岛、布塔里塔里环礁、马拉凯环礁、阿拜昂环礁、北塔拉瓦岛）都没有赢得多数选票，但也获得了几乎三分之一的选票。他提出的政策，他作为一个政府代表以及作为个人所树立的形象，赢得了选民的支持。

三 伦敦谈判和独立

新政府的第一项主要任务是就独立与英国政府协商解决有关问题。1978年11月下旬，吉尔伯特群岛、巴纳巴岛和英国的代表参加了在伦敦马堡大厦举行的制宪会议，讨论的三个问题是：巴纳巴人的未来身份、独立后的财务安排以及制定独立宪法。另外出席会议的还有新任总督R. J. 华莱士（R. J. Wallace）、几位当时在吉尔

基里巴斯

伯特群岛工作的英国殖民地官员，以及一些顾问。大会讨论的第一个问题是巴纳巴人未来的身份和地位。在1977年曾有人建议巴纳巴岛加入斐济而不是作为吉尔伯特群岛的一部分。在伦敦，巴纳巴岛代表在制宪会议上仍然要求完全从吉尔伯特群岛分离出来，吉尔伯特群岛代表坚持巴纳巴岛属于吉尔伯特群岛，但是他们做出一个承诺，保证在独立后的国家内给予巴纳巴岛和巴纳巴人特别的宪法地位。在英国代表和吉尔伯特群岛代表之间，英国代表与巴纳巴岛代表之间，吉尔伯特群岛代表和巴纳巴岛代表之间进行了许多次双边会议和讨论。11月28日，会议主席戈伦韦·罗伯茨（Goronwy Roberts）勋爵宣布，英国政府决定同意吉尔伯特群岛独立，新国家的疆域维持现状——巴纳巴岛保留为吉尔伯特群岛的一部分。这个决定一经宣布，巴纳巴岛代表离开会场，没有参加接下来的讨论，也没有起草特别的宪法条款来保护自己的社会权益。

关于未来财务安排的谈判更加困难。正如吉尔伯特群岛领导人所预见的，在1979年，巴纳巴岛磷酸盐矿由于资源几近枯竭而关闭，这使新政府面临严重的经济危机，因为磷酸盐矿收入超过国家总收入的50%。在伦敦会议上，吉尔伯特群岛官员在英国的压力下同意在获得预算援助之前，先使用国家储备基金6900万澳元。塔巴伊和他的谈判团队提出这将会导致这个新国家丧失任何经济独立的机会。英国最终同意批准预算援助，在第一个三年给予910万澳元的援助，关于此后的援助问题将重新协商。后来通过进一步谈判，英国政府同意在独立后的头三年提供总额为2650万澳元的发展援助。

制宪会议对独立宪法只做出小幅修改。新宪法给予巴纳巴人的特别地位是，除议会中有一个席位给予巴纳巴人选区，包括巴纳巴岛在内的巴纳巴社会有另外一个议会代表，由拉比岛委员会指定，巴纳巴社会实际上有 2 个议员席位。此外，政府保证巴纳巴人的土地权利，任何一个巴纳巴人都可以生活在巴纳巴岛上，并为岛屿提供基本的服务，限制非巴纳巴人从这个国家的其他地方迁移到巴纳巴岛。政府还规定，在独立 5 年后将任命一个调查委员会复查与巴纳巴人有关的宪法条款的实施情况，以及提出可以向议会提交的改进建议。除了这些与巴纳巴人身份地位有关的特别条款，制宪会议对宪法草案只做出小幅修改。制宪会议的观点是，宪法应该是简短的，是一个国民能够容易理解并用于监督政府行为的文件，为此将制定一个当地语版本的宪法。伦敦制宪会议做出的另一个重要决定是关于新国家的名称，同意这个独立国家称为"基里巴斯"，这是"吉尔伯特"的当地语发音。"独立宪法"第四章规定，共和国的首位总统是独立日之前最近就职的一位首席部长，自该宪法生效之日起担任总统职务，这样，塔巴伊成为基里巴斯共和国的第一任总统。

1979 年 7 月 12 日，新的国家——基里巴斯共和国诞生。12 日上午，上万基里巴斯人聚集在南塔拉瓦中心广场，代表英国女王出席庆典的是她的长女安妮公主，太平洋岛国领导人以及美、法、日、中、澳、新等国代表也出席了庆典。安妮公主将独立文书交给基里巴斯总统塔巴伊，随即英国驻吉尔伯特群岛总督登车离去，这标志着一个时代的结束和基里巴斯新时代的开始。

第五节　共和国简史

一　塔巴伊政府时代

1979 年独立后，基里巴斯政府所面临的问题是国家经济严重

47

基里巴斯

困难。要解决所有问题，完全依赖于领导人的能力和政府工作质量。塔巴伊政府大胆、坚韧而沉稳地应对这些困难。同时他们始终要面对反对派的抨击和竞争。

严重的经济问题是塔巴伊政府最初面临的最严峻的挑战，随着1979年巴纳巴岛磷酸盐矿关闭，政府收入减少50%，塔巴伊政府不得不寻找另一种收入来源；同时，塔巴伊强调政府和人民必须学会在国家有限的资源里求生存。为实现国家经济自足，在缺乏外部援助的情况下依靠自己的能力生存，这成为塔巴伊政府制定许多政策的基本原则。在1979～1982年的国家发展计划中，政府制定了三个主要目标。

（1）推进以海洋和其他资源为基础的工业发展。

（2）鼓励外商在基里巴斯投资。

（3）将政府开支控制在一个能够长期维持的水平上。

塔巴伊政府与其他国家签订了捕鱼协议，发给外国船只执照，特许外国船只在基里巴斯水域捕捞金枪鱼。1986年，政府以这一方式获利400万澳元。早在1981年，政府组建了自己的捕鱼公司，参与深海资源的开采。此后，几个其他的小规模捕鱼项目为当地增加了收入，包括从圣诞岛出口一些海产品到火奴鲁鲁，以及供应南塔拉瓦市场。塔巴伊对于发展旅游业很谨慎，他认为旅游业对脆弱的岛屿生态和独特的文化有潜在的危险。

吸引外资的努力实际上没有取得多少成就。第三个目标是成功的，塔巴伊政府力图通过缩小公共服务规模控制开支，在公共健康领域，政府加强初级卫生保健。同时，塔巴伊政府努力实现国家有限的金融资源的最大化共享，包括援助拨款，实施外部岛屿发展计划，如建立学校，改善乡村生活，以此限制人们向过度拥挤的南塔拉瓦迁移。

1982年，基里巴斯举行独立后的第一次议会选举和总统选举，基里巴斯人民评判塔巴伊政府的第一个机会到来。政府面临的主要问题是1980年罢工（总工会对政府处理罢工的方式不满）。当选举临近，工会在南塔拉瓦的两个选区组织会议，并到外部岛屿开展反政府运动。因为奥诺托阿环礁的人口达到2000人，这次要选出的议员增加1人，这样议员总数变为36人。议会选举的两轮投票在3月26日和4月1日举行，选举结果出现逆转：35名前议员中有17人失去席位，其中包括19名政府支持者中的7人，然而在11名再次当选的议员中，7人是前政府的部长，其中6人在第一轮投票中就获得席位。

5月4日举行了总统选举。宗教问题浮出水面，一些天主教徒指责塔巴伊政府有偏见。最终依然是塔巴伊获胜，尽管他的得票率比1978年有所下降（从55.5%下降到48.7%），塔巴伊和他的副总统塞阿陶·塞安纳奇的联合得票率为77.2%，可见多数选民对政府仍有信心。拉比岛委员会那时还没有派出代表。

1982年12月，就任仅7个月之后，塔巴伊政府就在一个重要问题的投票中失败了，结果是议会自动解散，需要重新进行大选。新议会选举的两轮投票在1983年1月12日和19日举行，2月17日举行总统选举，塔巴伊的支持率比前一年有所提高，为49.6%，外部岛屿再一次给予塔巴伊最大的支持。1983年选举实际上加强了塔巴伊在议会的地位，因为支持政府的议员数量增加了。副总统塞安纳奇得票率为16.2%，两个总统候选人的联合得票率为65.8%，表明人民对塔巴伊的政策和他以前的表现的信任。

基里巴斯

1985年，塔巴伊与苏联签订捕鱼协议，这在国际、国内和政府内部引发了强烈震动。塔巴伊政府于1985年3月开始与苏联代表在悉尼协商，之后在马尼拉达成协议，允许苏联捕鱼公司的16艘拖网渔船在基里巴斯300多万平方公里的海域捕鱼一年，费用为150万美元。塔巴伊坚持认为这是简单的商业行为，并且表示不会为苏联渔船提供岸上设施。他认为与苏联的捕鱼协议是为基里巴斯的国家利益而签署的。澳大利亚、新西兰、美国和几个太平洋岛国公开反对，斐济和巴布亚新几内亚则表示关注。在国内，天主教徒强烈反对该协议。协议签署后不久，反对派提出一个不信任案，虽然被议会拒绝，但这直接导致一个新政党——基督教民主党（CDP）的成立，该政党由汤哈瑞领导，包括了议会里的反政府天主教徒以及工会运动的参与者。

1987年大选塔巴伊受到更激烈的挑战。在反对派一方，1983年选举失败加上反对与苏联签署捕鱼协议有关的政治行动的失败，激发了他们击败塔巴伊的信念，他们质疑塔巴伊再次竞选总统所依据的宪法权力。反对派领导人汤哈瑞去法院寻求一个强制令，阻止塔巴伊在1987年连任，因为他已经作为基里巴斯共和国总统连任3届，因而不应再被赋予竞选资格。但是塔巴伊1978年实际上没有当选总统，只是首席部长，并且担任总统是在基里巴斯获得独立的1979年，汤哈瑞寻求强制令的努力最终没有成功。

因为人口增加，选举委员会建议3个选区阿拜昂环礁、迈亚纳环礁、尼库瑙岛各增加1个席位，加上拉比岛委员会的代表和首席检察官（当然成员），议会成员总数为41人。3月12日和19日的两轮投票选出了39位议员。新议会的第一次会议在1987年4月6日举行，提名总统候选人塔巴伊和副总统塞安纳奇以及塞布罗罗·

斯托参加竞选。基督教民主党决定支持新当选议员斯托作为候选人。斯托来自塔比特韦亚环礁，是一名天主教徒，刚从南太平洋大学归来，是一个精力充沛、善于表达的人，他通过组织全国足球锦标赛的高级教育官员的工作为自己在外部岛屿赢得了声誉。最终，塔巴伊又一次赢得选举，支持率为50.1%，这是自1978年以来三次选举的最好结果。同时，斯托也赢得有史以来作为反对派候选人的最高的个人得票率，为42.7%。

1987年之后，塔巴伊政府经常面对的是不得不对其政策做出解释。政府的整体经济策略是反对派批评的焦点，他们认为增加的对外国援助的依赖与政府取得自立的政策是矛盾的。事实上，塔巴伊政府虽然严重依赖外国援助来实现首都发展，但基里巴斯依然取得了一定程度的自立，因为它避免了预算援助。尽管反对派力量不断壮大，但是塔巴伊依然得到人民的支持，乡村人们记住了塔巴伊政府兑现向外部岛屿提供发展基金和政府服务的承诺的努力。同时，塔巴伊有着重视承诺、自我节制和约束的传统价值观，得到了人民的广泛支持。

二　1991年大选至今

1991年4月6日，基里巴斯自独立以来的第三届选举政府任期届满，这一天，议会解散，所有议员停止办公，但总统例外，他要继续以看管者的身份再工作三个月，直到他的继任者于7月4日宣誓就职。根据宪法规定，塔巴伊将不再参加总统竞选。

这次议会选举显示，选民越来越倾向于支持有教育背景和行政经验的候选人，在17名新选议员中有7名政府行政人员和管理者、2名教师、1名警察、1名农业官员、1名牧师、1名岛屿委员会主

席。在40名选举和任命的议员中，5名有大学学历。在新议会中，有20名天主教徒、17名新教徒、1名摩门教徒，接近全国人口的宗教信仰比例。

新议会在6月3日开会提名总统候选人。塔巴伊的老搭档、原副总统塞安纳奇获得提名，其他具有优势的竞争对手是塞布罗罗·斯托（反对派领袖）等人。塞安纳奇当选为基里巴斯共和国第二任总统。

在1994年的总统选举中，长期以来有力的反对派领袖、基督教民主党人塞布罗罗·斯托最终获胜。在这次总统选举中，巴纳巴岛独立问题再一次被提出，相伴随的是与斐济建立联邦的问题。总体来说基里巴斯政局稳定，斯托继承先前的外交政策，继续与中国保持密切关系。在1998年、2002年的选举中，斯托连任总统。

2003年斯托因不信任案辞职。在接下来的大选中，总统候选人为汤安诺、汤哈瑞和独立候选人柏林纳。汤哈瑞、汤安诺兄弟是中国人与基里巴斯当地人的后裔，抗战胜利后，他们的父亲从中国大陆移民到基里巴斯。汤安诺于1952年出生于莱恩群岛的范宁岛，获得新西兰坎特伯雷大学的科学学士学位、伦敦政治经济学院的经济学博士学位，回到基里巴斯后开始参加政治活动，组建基里巴斯追求真理党，当选为该党负责人。这次大选的主要议题之一是中国大陆在塔拉瓦环礁所设的卫星跟踪站。汤安诺在竞选期间曾表示，将检查与中国的租约，并将在适当时候采取适当的行动。在长达8个月的选举中，汤安诺经过6次投票胜出，他得到13500张票，打败了获得12400张选票的哥哥汤哈瑞。2003年7月，汤安诺当选为基里巴斯总统，在2007年、2012年的大选中他成功连任。汤安诺总统任期于2016年1月结束。

2016年3月9日，托布万基里巴斯党（Tobwaan Kiribati Party）的候选人塔内蒂·马马乌（Taneti Mamau）击败另外两名候选人，获得16个岛屿的支持，得票率为59.7%，当选为基里巴斯第五任总统。

基里巴斯人民数千年来生活在太平洋地区，各岛屿人民在几乎无差异的自然经济中劳作、生息、交往，虽然专权的萌芽已出现，但大部分岛屿始终保持着相当程度的民主，平等成为他们最坚定的理念。之后，他们在欧美文明面前震惊、适应，最终走向世界，走向独立。在自独立至今的30多年里，塔巴伊政府奠定了基里巴斯共和国的基石，后来的历任政府在各个领域沿着原有的发展轨道前进。

第三章

政　治

第一节　国体、政体与宪法

一　国体与政体

基里巴斯为民主制共和国，实行行政、立法、司法三权分立，政府结构是总统制和议会制相结合，总统同时是政府和国家的首脑。

基里巴斯的总统制政体具有显著的特征：第一，基里巴斯总统、副总统、内阁部长必须是议会成员。第二，议会决定总统候选人，总统来自议会，议会有相当大的权力决定总统的去留。第三，基里巴斯虽然实行三权分立，但总统、议会在一定程度上又是一体的，总统来自议会，在某些情况下议会随着总统退位而解散。

宪法是基里巴斯的最高法律，基里巴斯现行宪法是以1977年《吉尔伯特法》为基础制定的，1979年基里巴斯独立后正式生效，故又被称为"独立宪法"。宪法用基里巴斯语和英语发布，如果两种文本有不一致之处，以英语文本为准。宪法共10章，共139条，有两个附表。基里巴斯宪法序言规定："我们基里巴斯人民，承认

上帝是我们信赖的万物主宰,并基于我们对传统和遗产不朽价值的信念,特制定这一部建立一个自由民主国家的宪法。"

二 政党与民主政治特色

在基里巴斯,政党仅是持有相同观念的个人组成的松散组织,类似于非正式的行动同盟,没有官方平台或党组织结构。

没有党派的民主是基里巴斯民主政治的特色,虽然有几个组织是以党的名义存在的。基里巴斯选举的基本原则是政治家凭个人素养和成就作为个体参加选举,而不是作为任何党、组织的代表。政党可能影响政治家的公众地位,但政治家是作为个体而存在的。没有政党在民众中发展党员。如今,村庄里的普通人并不十分理解什么是政党,或者政党体系如何工作。

此种民主政治特色产生的原因是,在基里巴斯,习惯和传统观念成为政党形成的不可逾越的障碍。基里巴斯宪法没有提到政党,但是也没有设置任何障碍阻止政党的建立,事实上宪法承认个人具有为提升或保护自己的利益而建立或属于一个组织的权利。但是,基里巴斯社会具有浓厚的平等主义色彩,弥漫着无差异和无等级的集会房文化的气氛,因此对于互相区分的政治原则形成一种天然的抵抗。

第二节 选举制度

一 设立选举委员会

选举委员会是负责并监督选举的机构,宪法第五章第六十二条规定：设立选举委员会，由首席选举专员和 2~4 名选举专员组成。选举专员由总统依照内阁的建议任命。除非遭到议会的否决，否则每位选举专员的任命都是有效的；如果遭到议会议员的全部或部分否决，则选举专员的任命全部或部分无效。议会成员无资格担任选举委员会的选举专员。只有基里巴斯的法官或行政官员，才有资格担任首席选举专员。

选举委员会的职责包括管理议会选举、总统选举以及相关事务。对于议会选举，选举委员会负责选民登记，对议员选举和复决投票负有全面责任并实行监督，并负有与登记、选举和复决投票等事项有关的其他职责。对于总统选举，选举委员会在首席法官监督下举行总统选举。选举委员会应最长每隔四年对选区数、选区范围和每一个选区选出的议员人数做出审定，在做出审定后，应向议会提出建议。建议如获得议会批准，选举委员会主席应根据建议制定规定。

首席选举专员负有执行行政安排以及指导选举的责任。目前首席选举专员由内政部长任命，首席选举专员负责任命选举专员和每一个选区的助理选举官。首席选举专员也担任内政部的助理秘书长一职，因而容易调动所需要的地方政府部门的资源。

二　议会选举

基里巴斯议会为立法机关，宪法第五章"立法机关"规定：设基里巴斯立法机关，称为"曼尼阿巴-尼-蒙加塔布"。在正常情况下，议会每 4 年改选一次。议员候选人的资格包括：是基里巴斯公民（拥有外国国籍但祖籍基里巴斯者同样有资格）；年满 21 岁。凡有下列情形之一者取消候选人资格：基于自愿采取的行动，承认效忠、服从或依附某一外国政府；因精神错乱而受合法拘禁

者，或依现行法律以其他方式被判定精神不健全者；在英联邦任何地方的法院被判处死刑者，或（无论以何种罪名）由法院或由主管当局代为判决而正在服刑且刑期在12个月以上者（如需连续服刑两次以上，应把两次监禁刑期合并计算为一个刑期；因不能支付罚款而被判监禁者不包括在内）；由于违反选举规则而依基里巴斯现行法律无资格当选议会成员者；在负责议会选举事宜或与议会选举有关的职权机构任职者，或者负责编纂或修订议会选举记录（包括指导选举、汇编或校对选举登记）者；除非现行法律做出有关免除规定，在任何公共机构任职者（即候选人不得为公共官员，如果要参加选举，则必须辞职或者无薪休假）。

要成为议员候选人，需要得到其所在选区内3个登记的选民提名（另一种说法是，只要有2个人推荐就可以成为候选人）。议会中有2名当然议员，即首席法官和巴纳巴人代表。巴纳巴人成为议员应符合下列条件：（1）是巴纳巴人；（2）符合宪法所规定的当选议员的资格。

参加议会选举投票的选民资格为：是基里巴斯公民；年满18岁；居住在选区内（需住满12个月以上）。下列人员不得登记为选区的选民，也不得因登记而有权参加选举：无论以何种罪名被英联邦任何地方的法院判决而正在服刑且刑期在12个月以上者；因其他罪行被法院判决、由主管当局代为监管12个月以上者；依基里巴斯现行法律被认定精神错乱或以其他方式被判定精神不健全者；以基里巴斯现行法律违反选举规定而无资格登记为选民或参加投票者。

选区的划定和议员人数规定为：全国设23个选区，为了投票方便，选举委员会将每个选区划分成若干分片，全国共划分为172

第三章 政 治

个分片，通常代表传统村落集会房的区域。每个选区的议员人数依据人口数量分配，即居民在 300～2000 人的选区允许有 1 名议员，2001～4000 人的选区有 2 名议员，4000 人以上的选区允许有 3 名议员。由于人口增长，各选区议员人数渐增，1979 年基里巴斯独立时议会有 35 位议员，到 2011 年议会选举时增加到 46 位。无论议员总人数如何变化，其中有 2 个席位固定不变，一个是法定的保留给斐济拉比岛的巴纳巴人的当然席位，另一个当然席位被给予首席法官，其余席位由各选区选举产生。

所有选区的每一个分片都有自己的选民登记处。选民只能在一个分片登记，每个分片的管理者负责公布选民登记的开始时间和结束时间，只有登记过的选民才能在选举中投票。投票时间为选举委员会指定日期的上午 7 点到下午 6 点。选民将选票投到一个封闭的箱子中。投票结束后，每个选区的选举专员将各分片的投票箱集中起来，然后在计票员的帮助下不间断地计票。计票结束后，选举专员宣布选举结果。有效的和无效的选票都被记录，分别密封，并与验证声明一起送交在南塔拉瓦的首席选举专员。

在第一轮投票中，一个议员候选人如果得到的有效选票超过半数，则他/她被宣布通过选举；如果没有候选人得票超过半数，那么必须进行第二轮投票，这通常在第一轮投票后的一星期内进行。在第二轮投票中，只有在第一轮投票中得票最高的候选人的名字出现在选票上。在 3 个席位空缺的选区，第一次选举得票前 5 位的候选人进入第二轮投票。在 2 个席位空缺的选区，得票前 4 位的候选人进入第二轮投票。在只有 1 个席位空缺的选区，得票前 3 位的候选人进入第二轮投票。

议会在大选之外还举行补选。除议会提前解散外，凡遇议会成

员席位空缺时，应在3个月内举行补缺选举。另外，如果某人依宪法规定担任总统职务时，若他是来自仅有1个议员名额的选区，则议会应在该人担任总统职务3个月内补选1人作为议会增补成员。

议会任期4年，自解散之后，应在3个月之内举行下届议会大选。

议会议长由议会成员从非议员人士中选举产生。首席法官主持议长选举。在议长职位空缺或议长不在议会时，在首席法官主持下，由议会选出一位议员（不包括总统、副总统、部长）代行议长职务，负责主持议会会议。议会发言人由议会在大选之后的第一次会议上选出。

议会设公共账目委员会，由议会选出的3名议员组成，担任或代行总统、副总统、部长职务者，无资格当选公共账目委员会委员。

三　总统选举

宪法第四章第三十二条规定：议会应在选举议长之后，从议会成员中提名至少3名至多4名总统候选人。任何有权参加议会选举的选民都有权参加总统选举。

如果被提名者超过4人，需要先进行一场无记名投票，每个议员要投4次票，第一次选出4人，第二次选出3人，第三次选出2人，第四次选出1人，拥有最高得票数的4位被提名者成为总统候选人。

在总统选举中，获得最高选票数的候选人成为总统。总统选举由选举委员会主持，由首席法官监督。

基里巴斯选举制度的特色在于使用了波尔达计数法，这是一种

第三章 政 治

较为简单的排序投票法，每个选项通过选票上的排序来获得积分，积分最高者获胜。历史上有许多人曾提出使用此种计数法，它曾是罗马议会采用的投票制度之一。13 世纪的雷蒙·卢尔和 15 世纪的尼可拉都曾提出这个制度。1770 年，让－查理斯·德·波尔达（Jean – Charles de Borda）提出用此种计数法来选举法国科学院成员时，此法开始以他的名字命名。波尔达计数法被认为是理想的选举方法，在太平洋岛国瑙鲁和基里巴斯，波尔达计数法得到运用。基里巴斯使用的是经典的波尔达计数法，用于议会内部选举、委员会选举以及议会提名的总统候选人选举。参加总统选举的候选人数量是有限的，只能不少于 3 人、不超过 4 人，因此，议会提名总统候选人的方法显然极其重要，这是波尔达计数法被引入基里巴斯选举制度的原因。①

第三节 行 政

基里巴斯由总统、副总统和内阁组成国家最高决策机构，副总统和其他各部部长负责处理总统分配给他们的政府事务（包括管理政府的有关部门）。地方行政机构为岛屿委员会。

一 总统、副总统和国务委员会

宪法第四章第三十条规定：设基里巴斯总统一人，在基里巴斯语中，总统被称为"贝雷蒂坦蒂"（Beretitenti）。总统既是国家元

---

① Benjamin Reilly, "Social Choice in the South Seas: Electoral Innovation and the Borda Count in the Pacific Island Countries", *International Political Science Review*, Vol. 23, NO. 4, 2002, pp. 355 – 372.

首，也是政府首脑。总统任期4年，连任不得超过3届。担任总统职务者，在行使职权前，应在首席法官主持下按照宪法附表一所载誓词宣誓并签字。

宪法规定若干情况下总统应停止履行职务，包括：总统因议会绝对多数成员通过了对其的不信任动议而解职；总统对议会决定事项的质疑被议会绝对多数否决而解职；总统自动辞职；总统不再是议会成员；议会绝对多数成员确认根据医务委员会的调查报告，总统不再具备履行其职务的身心能力。

在前两种情况下，国务委员会应履行总统的职责，直至举行新的大选再次选出总统。国务委员会由当时在公共事务委员会主席办公室任职的主席、首席法官和议长组成。在后三种情况下，由副总统代行总统职务，直至大选之后选出新的总统。如果总统职位空缺时，副总统职位也恰好空缺，内阁应选出一位部长代行总统职务。

宪法第三十九条规定：设副总统一人，基里巴斯语称为"考曼－尼－贝雷蒂坦蒂"。总统任职后应尽快从内阁部长中任命一位副总统。副总统在行使职权前应按照宪法附表一所载的誓词宣誓并签字。在若干情况下副总统应停止履行职务，包括：副总统向总统递交书面辞呈；非因议会决议之原因不再是议会成员；议会绝对多数成员投票通过对其的不信任动议；被总统免职；任命他的总统经选举后不再是总统。

二　内阁与部长

内阁称部长委员会，由总统、副总统和由总统任命的部长组成。基里巴斯的行政权力归内阁，内阁在履行政府职能时对议会负有集体责任。内阁成员在行使职权前应按照宪法附表一所载的誓词宣誓并签字。

内阁设秘书一人,其办公室为公共联络办公室。内阁秘书应依照内阁的指示,负责安排内阁事务和整理内阁会议记录,把内阁会议的决定通知有关人员和部门,并且执行内阁或总统下达的其他指示。内阁会议由总统召集,总统要出席并主持内阁会议,决定内阁会议审议的事项。内阁会议主持人可传唤任何人参加内阁会议,即使被传唤者不是内阁成员;如果会议主持人认为该人参加内阁会议合乎需要,该人也可参加内阁会议。

在总统和内阁之下,各部分工负责具体事务,部长负责各部事务。宪法规定总统兼任外交部部长,副总统兼任事务与社会发展部部长。部长在以下情况下不再担任部长之职:向总统递交书面辞呈;非因议会解散之原因而不再是议会成员;被总统免职;任命他的总统不再担任总统。

基里巴斯宪法强调司法部长的任职资格和职责。宪法第四十二条规定:设司法部长一人,他应是政府首席法律顾问。除非有资格在高等法院做律师者,否则无资格担任司法部长。作为司法部长,在他认为可行时有权就任何案件采取行动。

三 地方行政机构

地方行政机构为岛屿委员会。这类委员会属法人性质,由部分选举成员、部分当然成员和任命成员组成,选举成员是根据《1979年选举条例》登记选举的,当然成员和任命成员的人数与选举成员有一定的比例。岛屿委员会仅有有限的地方政府职能,包括经部长批准制定章程细则和征收税费等。岛屿委员会自我评

估其收支,通常独立于中央政府,但受地区专员监督。岛屿委员会主席为地方行政机构最高领导人,拥有行政、财政、司法诉讼等权力。

四 行政监督和咨询机构

公共事务委员会 由1位主席和4位其他委员组成,上述人员由总统按照议长和首席法官联名提出的建议任命。公共事务委员会任期3年,或由总统在其各自的任命书中规定较短的时间。议会成员或者担任公职者无资格获得任命。在公共事务委员会任职或代行职务者,或者自他在该办公室任职或代行职务之日起18个月内,无资格接受任何公职任命或代行公职。

公共事务委员会的职责包括向总统提供建议,如公职的任命和罢免,对担任公职的人员实行纪律约束。公共事务委员会也在总统授权下任命某些公职。

公务委员会 由不担任政府职务的3名议员组成,负责检查政府的账目,并向议会报告。

薪俸法庭 负责对议会成员包括总统、副总统和其他部长的薪俸与津贴进行审查。薪俸法庭由3~5位适宜的合格成员组成,成员由公共事务委员会主席和议长协商任命。薪俸法庭对议员(包括总统、副总统、其他部长)的薪俸和津贴做出审查后,应向议会提出建议。

审计署 审计署是基里巴斯最高审计机关,由审计长负责工作。设审计长1名,由总统按照公共事务委员会的建议任命。基里巴斯的政府账目,以及政府各部门、办公室、法院和机构的账目,应每年交由审计长审计。为此,审计长或经其授权的代表有权随时查阅与上述账目有关的账簿、记录、申报书和其他文件。审计长应做出审计报告并将报告送交议会审议，同时还应将报告副本分送总统和财政部长。

五 公职人员制度

"公职人员"指在政府机构担任或代行职务者；"公职"指服务于政府事务并领取津贴的职务。"公职人员"不包括下列人员：总统、副总统或者其他部长；议长、议员；首席选举专员或选举委员会其他委员，公共事务委员会主席或其他委员；首席法官或高等法院其他法官，上诉法院院长或其他法官。

第四节 立法与司法

一 立法

议会在基里巴斯语中称"曼尼阿巴－尼－蒙加塔布"，为一院制。议会是基里巴斯的最高立法机关，有为了创立基里巴斯和平、有序和健全有效的政府而制定法律的权力，在议会通过并获总统核准的法案即成为法律。

议员在就职前应按照宪法附表一所载誓词宣誓，否则不得参与议会议事。

议会内部机构有议会委员会，负责履行议会可能没有时间或者不太适合履行的职责，如寻找事实、检验证据、向专家寻求建议、草拟建议等。基里巴斯曾有两种类型的委员会，一是为某一特案组成的特别委员会，二是常务委员会。特别委员会与常务委员会不同，是为应对特殊的短期需要而成立的，一般而言，它的主席和成

基里巴斯

员不包括非议员以及部长，它一旦完成任务即解散。常务委员会为半永久性质，持续存在于议会的任期内。成员为议会成员，包括部长。现在基里巴斯议会只有两个常务委员会：事务委员会和公共账目委员会。事务委员会主席和成员由议会发言人指定并经议员同意，其主要工作是处理影响议会运行的事务。事务委员会的职责不包含调查工作，不需要向议会通报它的提议和发现。公共账目委员会更多地是从事调查的工作，其主席和成员由议会指定并经议员同意。公共账目委员会的职责包括：结合审计长的报告，审议政府账目；如出现超支或未经授权动用资金的情况，向议会提出报告，并说明此种支出的理由；提出委员会认为必要的措施，确保政府经费得到正当的使用；凡依法须向议会提交对任何公司、法定委员会、机构或委员会的审查和审计报告时，应考虑就与上述机构有关的账目向议会提出报告和建议。

议会有宪法规定的发言人，为非议员。在指导议会事务方面发言人非常重要，受到议员和公众的高度尊重。发言人的主要职责是主持议会会议，决定议会开会的地点和时间，包括大选之后的第一次会议。他可以应总统或三分之一议员的要求召集议会会议。在议会会议上，发言人决定的议事程序不可更改。发言人还有转达决定和信息的责任，总统若要辞职须通知发言人。发言人可以与首席法官一起向总统建议公共事务委员会主席及其成员的任命和罢免。发言人接受议员辞去议会席位的通知，或向选举委员会递交请愿书要求罢免议员。发言人接受审计长的年度报告，提交议会讨论。发言人还有权敦促最高法院根据宪法解释做出裁决。发言人与公共事务委员会主席以及首席法官，都是国务委员会的成员。发言人的任期在新议会第一次会议时结束。

议会内另一个重要职位是书记。他在议会发言人之下管理议会办公室。议会书记是一个行政角色，也是议会程序法的专家。他做出的决定经常受到议员的审查。除了管理日常行政工作和文案人员，书记也负责向议会发言人、总统、部长以及议员提供服务。书记职责包括：记录议会会议，保护议会的所有记录和文件；印制分发所有议案、通知以及议事议程表。书记在立法程序中也有重要职责，当提案被议会通过，在它被送交总统之前，书记必须以文件证明这个提案已获通过。书记和他的同僚必须通过提供服务、记录等保证议会顺利运转。书记可以向议会发言人、政府部长、议员和选举委员会提供建议。书记和他的同僚也与行政部门保持密切联系，向行政部门提供建议。

议会有自己的图书馆为议员提供参考书和资料。南塔拉瓦电台也是议会必要的服务机构，议会会议情况通过南塔拉瓦电台现场广播，议会必须从它自己的活动经费中偿付对公众的这项服务。

议会每年的经常性开支预算是由书记与发言人磋商做出的，然后由财政与公共服务部的高级官员审核，呈交内阁和议会以获得支持。

议会有为了创立基里巴斯和平、有序和健全有效的政府而制定法律的权力，体现为：议会通过的法案经总统核准后，即成为法律。如果总统认为法案违反宪法精神而拒绝批准，他应将该法案退回议会进行修正。若法案退回议会后再次提交总统时，总统仍然认为其违反宪法精神，则总统要将该法案送交高等法院裁决。如果高等法院宣布该法案不违反宪法精神，总统应立即批准法案；如果高等法院做出相反的裁决，则应将法案退回议会。总统批准一项法案之事，应连同批准的法案一道公布，并在议会展示。

基里巴斯

在宪法规定和议会议事规则的限制下，议员可向议会提出法案，提出讨论动议。议员必须以提案的形式向议会表达意愿，需要等到下一次议会会议时讨论，在不少于 2/3 议员支持的前提下这个提案将被通过。若所修改的是与保护基本权力和自由有关的条款，则必须得到 2/3 的登记选民投票支持。修改与巴纳巴岛有关的宪法的提案，必须得到巴纳巴人民的同意，如果在第二次宣读时，巴纳巴议员投票反对，则这个修改条款将不被通过；如果巴纳巴议员在第二次宣读时缺席，这个提案将被推迟到议会的下一次会议宣读，并向拉比岛和巴纳巴岛屿委员会通知推迟决定；如果在下一次会议中 2/3 的议员投票支持这个修改提案，而巴纳巴岛议员并没有投票反对，那么它将被通过，否则它将不被通过。

提交给议会的提案分为政府提案（由一位部长提出）和个人提案（由议员个人提出）。任何议员都可以提交提案，为了给予书记充分的时间发布这个提案，议员应在提案被辩论之前不少于 25 个工作日提交给议会书记。一旦 25 个工作日过去，议员可以提出请求第一次宣读这个提案；如果得到总统签发的紧急证明，提案可提前被宣读。在议会第一次宣读提案时，提出这个提案的人必须简明扼要地说明它的目的和原则。在接下来的讨论中，议员们可能就提案的重要性进行辩论，之后议会发言人将组织议员就提案进行投票。如果获得多数支持，这个提案将被议员带到他们各自的选区与他们的人民进行讨论，总统可能进一步考虑这个提案。如果提案遭到多数议员反对，它就被否决。

议会可修改宪法，但受到严格约束。修改宪法的范围包括：通过重新制定宪法条款，或以其他条款替代宪法条款来废除宪法有关条款；通过删除、修正或增加有关条款对宪法做出修正；在一定时期内中止宪法条款生效，或结束这种中止；制定与宪法有关条款不一致的任何其他条款。议会要通过某一内容涉及修改宪法任何条款的法案，必须在议会一读通过法案之后，等待下次召开议会会议时继续审议该法案，且在二读时，须获得2/3议员投票赞成。但是就宪法第二章（"保护人身基本权利和自由"）而言，修宪法律不得生效（即使在二读时法案获得了2/3议员投票赞成，也仍不能生效），除非已对该法案关于修宪的条款依照有关法律规定做出复决投票。所有登记参加大选的选民均有权参加复决投票，修宪条款获得有权参加复决投票的2/3选民的支持，该修宪法案才能生效。

如果对总统或政府不信任的动议在议会获得绝对多数议员的支持，议会应解散。

二　司法

宪法规定基里巴斯司法独立。司法部门由高等法院、上诉法院、26个地方法院组成。

1. 高等法院

基里巴斯高等法院是最高法院，法官由首席法官和依照规定任命的其他法官组成。总统依照内阁和公共事务委员会协商后提出的建议任命首席法官，其他法官由总统依照首席法官提出的建议任命。高等法院法官的任职资格为：有在任何国家担任法官经验或者有担任律师5年以上经验者。高等法院的每一位法官在履行其职务前，应在总统面前按照宪法附表一所载的誓词宣誓并签字。高等法院法官的任期非因免职而中止时，他可作为高等法院法官出席法庭，对在他担任职务时开始的诉讼做出判决。高等法院应有印章，题"基里巴斯高等法院"字样，以及经议会认可的其他纹章。

宪法规定，高等法院法官只有在（无论因身心健康或其他原因）不能履行其职责或行为不良时，方可被免职。如果总统或者议会认为，应对高等法院法官因身心健康或行为不良原因予以免职问题进行调查时，总统应任命一个法庭，由一位庭长和至少两名成员组成，成员之一应担任或曾经担任过司法职务。法庭应将调查结果向议会汇报，并且应就是否免职之事向议会提出建议。在高等法院法官免职之事已提交所指定的法庭审理时，总统可中止该法官的职务；如果法庭向议会建议不应免去该法官的职务，总统可在任何时候撤销该中止，此项中止即失去效力。

高等法院有权监督任何下级法院提起的任何民事或刑事诉讼，并可为确保任何下级法院充分执法而做出适当的决议。凡在任何下级法院产生有关对宪法（第二章除外）条款的解释问题，当该下级法院认为该问题涉及法律的实质问题时，应将该问题提交高等法院裁决。高等法院应对该问题做出裁定，该下级法院应按高等法院的裁定处理问题。

2. 上诉法院

上诉法院是上级法院，负责审理和裁决基里巴斯现行法律赋予它受理的上诉案件。上诉法院的人员组成为：高等法院的首席法官和其他法官；由总统按照首席法官的建议，从具有在任何国家担任法官经验或者有担任律师5年以上经验者中任命的人员，后一种任职者的任命期限为任命书中规定的期限，或者为审理某一特定案件而规定的期限。上诉法院院长由总统按照内阁和公共事务委员会协商后提出的建议任命，同一人可同时担任首席法官和上诉法院院长。上诉法院任何3位法官联合可行使该法院的一切权力，但是，应由任何一位同时担任高等法院法官的上诉法院法官单独提出裁决，如无这样一位法官，则可通过高等法院首席书记员提出裁决。上诉法院的任何裁决应按照出庭的多数法官的意见做出。上诉法院法官对在下列情形下提出的上诉不能作为法官出庭受理：由他本人做出的裁定，或者由他作为法官之一组织的法院做出的裁定；由他作为法官或由他经手对上诉人定罪或做出的判决。上诉法院法官的任期非因免职而中止时，他依然可作为上诉法院法官出庭，对他在担任职务时开始的任何诉讼做出判决。

上诉法院法官在履行职务前，应在总统面前按照宪法附表一所载的誓词宣誓并签字。上诉法院应有印章，题"基里巴斯上诉法院"字样，以及经议会认可的其他纹章。

3. 地方法院

基里巴斯地方法院负责审理民事和刑事案件并负责调解有关土地问题的纠纷。

基里巴斯司法部门设章程委员会，由首席法官、上诉法院院长、司法部长（由他构成法定人数）和总统任命的最多2位其他成员组成。章程委员会负责制定法院章程，制定高等法院和上诉法院的议事程序，制定在基里巴斯申请律师执业的程序，规定应支付的诉讼费用，为保证高等法院和上诉法院充分有效地行使司法管辖权而制定一般规则，包括高等法院受理和审理下级法院上诉案件的程序，以及上诉法院受理和审理高等法院上诉案件的程序。但是，制定或者涉及任何费用或费用偿还的规则，须得到议会批准，否则无效。

三　现行法律

基里巴斯立法大部分效法英国商法、版权法、工业产权法，以

及诉讼程序法等法律。现行法律汇集包括1979年修订的《基里巴斯共和国法规汇编》（3卷）和此后每年发行的单行本。部分法律如下。

商标法。秉承英国法律，1939年开始生效，在1967年、1971年、1972年进行了三次修订。

诽谤法。源自英国法律。

土地法。《1954年国家土地取得条例》是当时政府制定的为公共目的取得土地应依据的法律；另外还有《1956年土著人土地条例》《吉尔伯特和菲尼克斯群岛土地法典》《非土著人土地（关于转让方面的限制）条例》等。宪法第四章专门规定保护巴纳巴人在巴纳巴岛上的土地权和巴纳巴人进入和居住在巴纳巴岛的权力。

野生动物保护法。1975年颁布。

刑法。1977年修订《吉尔伯特群岛刑法典》，规定无死刑，最高刑罚为终身监禁。

植物检疫法。主要包括1929年第5号条例、1956年《（杜绝）南美橡胶叶枯萎病条例》、1976年第8号《植物条令》及其补充（1975年修订令）和1977年《（植物输入）禁止条令》等。

海洋法。《海洋区域声明法》1983年生效，本法规定了群岛水域、领海和专属经济区。

地方政府法。1984年制定。

环境法。1999年制定。

社会保障制度法。规定了养老保险和工伤保险等事项。

另外还有广播出版法、公司法、商法等。

基里巴斯政治制度是西方政体与传统社会管理机制的有益结

合，作为传统社会核心的集会房与现代议会制的衔接令人惊叹。基里巴斯是一个有着许多积极记录的人权国家。基里巴斯人民对国家政治的评价是：没有过度掠夺资源，没有政治动荡。基里巴斯的收入平衡储备基金是太平洋地区运作良好的信托基金典范，这是基里巴斯政府良性政治的表现之一。

第四章

经　济

第一节　概　况

一　独立后的经济发展

基里巴斯是世界上经济最不发达的国家之一，也是太平洋地区最不发达的五个国家（基里巴斯、瓦努阿图、萨摩亚、所罗门群岛、图瓦卢）之一。基里巴斯陆地分散，土壤贫瘠，自然资源种类少，远离世界市场。陆地分散和地理上的孤立使国内、国际交易成本极高，发展商品经济面临巨大的困难，同时使公共行政、公共事业、医疗、教育服务的供给成本提高，加之缺少技术工人，基础设施薄弱，种种因素严重制约了经济发展。本不发达的经济又是脆弱的，极易受到自然灾害及人类活动的影响，并且需要较长的时间恢复。但基里巴斯面临的广袤太平洋成为促进经济发展的有利条件。

基里巴斯的两个基础经济部门是农业和渔业，渔业、椰产品生产和出口是基里巴斯的经济支柱。独立后，政府创造性地与世界其他国家签订捕鱼协议，这成为渔业收入的重要来源。用渔业捕捞许可收入投资国有渔业企业的尝试虽然不十分成功，但是基里巴斯仍

75

基里巴斯

努力发展本国渔业，增强经济独立的能力。近年来，基里巴斯与斐济、中国有关公司合作建立基里巴斯本土的鱼产品加工厂。

陆地种植业不断发展。政府主导的露兜树工程整理记录了基里巴斯露兜树品系。同样，面包果树工程努力促进面包果树的多样性，农业署推广的修剪方法被40%的种植者采用，现在基里巴斯有13个品种的面包果树，种植遍及各居人岛屿。

基里巴斯农业的一个创举是成功引种国外蔬菜水果，这些蔬菜水果在塔拉瓦环礁的家庭园艺园中与本土作物一起种植，这为居民提供了新鲜而富有营养的、多样化的食品。富含维生素A的露兜果、富含维生素C的椰子、富含维生素B和维生素C的本土无花果以及其他水果、蔬菜在塔拉瓦环礁得到种植，有助于最大限度地满足国民自给自足，减少对进口食品的依赖，有助于解决食品安全问题，减少营养不良性疾病，维护国民健康体质，同时为城市化地区的更多人提供工作机会，并减少垃圾污染，对人民健康、家庭收入、文化保护、社会归属和环境保护都具有积极意义。

比海外蔬菜水果种植具有更大经济意义的是海藻种植业。20世纪海藻主要产地在菲律宾、印度尼西亚，面对增长的世界需求，太平洋岛国被鼓励种植海藻，随后许多相关实验在太平洋岛屿国家展开，但只在基里巴斯和斐济取得了商业性的生产成果。

旅游业为基里巴斯独立后的又一新兴产业。基里巴斯国会在1997年通过决议，将莱恩群岛的加罗琳岛命名为"千年岛"，并向世界宣布该岛是世界上第一个进入新千年的地方。基里巴斯为此成立隶属总统办公室的新千年专门委员会，印制宣传品，发行新千年纪念币和纪念邮票，邀请世界名人参加庆典活动，邀请外国新闻媒体进行采访，希望通过作为世界上第一个进入新千年的国家，提高基里巴斯的国际知名度，发展旅游业。正如斯托总统所说："我们努力工作以促成这一引人注目的事件，基里巴斯要让全世界知道，要在地图上有自己的位置。"

在殖民地时代，基里巴斯成为出口型国家，巴纳巴岛磷酸盐矿枯竭后，椰制品、海产品成为主要出口产品，海藻种植、黑珍珠养殖、海参加工等产业增加了出口创汇产品的数量和种类。

在基里巴斯独立后，由巴纳巴岛磷酸盐矿业产生的收入平衡储备基金良性发展，总量不断增加，基里巴斯政府对基金的谨慎管理使之成为世界范围内国家基金运作的典范。

虽然困难重重，基里巴斯经济仍在顽强地发展。根据世界银行发布的数据，2004年、2005年基里巴斯人均国民总收入分别为2390美元、2420美元，2012年增长为2660美元，2013年增长为2780美元。

二 经济制度

基里巴斯政府经常规定产品价格，并提供各种补贴，除椰产品补贴外，还有医疗、面粉、糖等各种补贴。大多数经济部门也被政府控制，包括旅游、土地管理、渔业、建筑业等。

基里巴斯经济成分包括国有经济、合资经济、私营经济和个体经济。基里巴斯银行、基里巴斯电信有限公司都是经营成功的合资企业。

三 经济政策

鼓励椰子产业。对椰产品实行高补贴，保证所有生产者享有同样的价格，保护人民的椰子生产利益以支持椰子产业。以技术提高椰子产量，同时开发多种椰产品，以科技保证椰子产业可持续发展，使椰子产业成为高层次经济。具体策略如下。(1) 促进椰子产业的可持续发展。降低人类永久居住地对椰子产业的影响，维持生态和社会经济价值。(2) 在椰子生产和椰子防护中采用综合管理措施，提高椰子产出率。(3) 在每个岛上建卫星苗圃，向与非政府组织密切合作的每一个种植材料繁殖与分配中心提供种苗。(4) 制订培训计划，优先考虑那些缺乏本地专家的地区。(5) 开发多种产品。如嫩椰子水可作为健康饮料，椰奶、椰乳脂、食品椰干粉可作为营养食品，椰醋可作为天然食品添加剂。(6) 促进椰壳粉、椰壳炭、活性炭、椰木、椰壳、叶片和以椰木为原料的手工艺品等副产品的开发利用。(7) 发展先进技术，取代落后的手工劳动。为了建立多元化且具有竞争力的出口部门，政府做出以下三项计划。第一，吸引外国投资，拓宽出口渠道，外国投资形式既可以是合资企业，也可以是独资企业。第二，利用现有的或新建的本国私营企业特别是中小企业拓宽出口渠道。第三，对国营企业实行私有化或公司化，使其拥有出口商品的潜力。[①]

促进当地作物生产以增加健康食品消费，并增加收入。农业领域将重点放在当地食品生产上，寻求可以出口的专业食品或产品，广泛引进植物品种。

支持外部岛屿经济发展。1994年3月，基里巴斯环礁海藻公司将长心海藻引种到莱恩群岛的圣诞岛和范宁岛，作为基里巴斯共和国的一个外部岛屿发展项目。在圣诞岛发展多种经营，如冷冻鱼和龙虾出口、商业化制盐、游钓以及野生动物观光之旅等。

---

① 陈慧译《基里巴斯椰子产业发展策略》，《世界热带农业信息》2003年第6期，第12~13页。

发展旅游业。2008年，基里巴斯完善旅游资格认证标准。2010年基里巴斯宣布对在菲尼克斯群岛保护区偷猎行为处以罚金，建立保护区的目的之一是发展旅游业。

科学有效地管理淡水资源。基里巴斯淡水资源稀缺，在城市化中心地区，迅速增加的人口增加了用水需求，同时也加剧了水污染。基里巴斯水资源管理政策包括：为保护淡水资源，宣布城市化中心地区的私人所有土地下的水源为国有，通过补偿或租借的形式使原来的居住者和土地所有者迁离水源地。为满足城市用水需求，在塔拉瓦环礁寻找水源。

以科技创新开拓新能源。鼓励利用太阳能和生物能源，从20世纪80年代开始，基里巴斯通过立法、机构建设推进这一政策，1984年在工程部之下建立太阳能公司，1993年太阳能公司实行私有化。政府重视椰油的新能源意义，基里巴斯开始尝试以椰油作为动力燃料。

积极吸引海外投资。1985年基里巴斯通过《外国投资法》，要求外国投资委员会筛选投资申请，建立激励机制，包括免费进口固定设备、减免一些领域的税收等。

鼓励发展私营经济。成立于1987年的基里巴斯开发银行主要向私营企业提供贷款。基里巴斯2008~2011年发展计划的总体目标是促进经济增长和减少贫困，主要目标是支持私人部门的发展，尤其是生态旅游业和渔业的发展。

根据2004年亚洲开发银行《亚洲发展展望》的报道，2003年基里巴斯政府主要政策范围为：通过公共和私人联合投资基础设施和生产，促进经济增长；平均分配服务和经济机会，尤其是在外部岛屿；改善公共部门的绩效；通过教育、健康和管理领域的政策增

强人们应对社会和经济变化的能力；促进自然资源可持续利用；加强对收入平衡储备基金的管理；加强对金融机构的许可监督和管理以及打击洗钱犯罪等，这可作为考察基里巴斯经济政策的参考。

第二节 农 业

一 陆地种植业

与海洋资源相比，基里巴斯陆地农业资源可谓贫乏，800多平方公里的陆地分散在广袤的太平洋中，土壤贫瘠，只有高适应性的植物可以生长。在有限的环境里，基里巴斯人民发展出以种植树木为基础的多层种植体系，这种农地林业是太平洋岛国传统农业的显著特征。在基里巴斯传统农业中，树种依其重要程度依次为椰树、露兜树、面包果树、太平洋无花果树、番木瓜树，香蕉在布塔里塔里环礁、塔拉瓦环礁等部分岛屿有种植，这些常年结果的木本作物是珊瑚岛社会发展的依赖，它们不仅能提供膳食材料，也能提供加工业的原料。

椰子对于国民经济具有举足轻重的作用，陆地农业在基里巴斯经济中能够发挥重要作用，这主要归功于椰子种植的成就。椰树覆盖基里巴斯将近75%的陆地，为岛屿社会提供食品、饮料以及多种加工业的原料。总体来说基里巴斯海洋产品产量超过农业生产，但就出口产品而言则相反，干椰肉与椰油是基里巴斯的重要出口产品。

露兜树和面包果树也是重要的树作物。露兜果是基里巴斯人喜爱的本土食材，露兜树仅次于椰树，被视为基里巴斯的第二生命之树，有多个品种，不仅是食材之源，也是医药和手工、建筑材料。面包果树有本土和引进的十多个品种，与露兜树一样，面包果树既是食材之源，也用作建房子和独木舟的木材、有机堆肥、牲畜饲料、柴薪等。露兜树虽然重要，但实际上供应不足。面包果生产也受到环境、虫害、疾病的不利影响。基里巴斯从澳大利亚引进生物控制技术，使水蜡虫害发生率降低。危害面包果树的最严重的疾病是腐烂病，为避免污染地下水，基里巴斯没有用杀菌剂来治理腐烂病。由于生活方式改变，对进口食品依赖增加，露兜树、面包果树有被忽视的趋势，因而基里巴斯政府实施露兜树工程、面包果树工程，支持种植这两种树木。在吉尔伯特群岛南部较干燥的海岛上，太平洋无花果与露兜果都是岛民依赖的主食。

芋头的坑井式种植方式在珊瑚岛历史上长期延续，芋头与椰子、露兜果是基里巴斯最重要的三种本土食品。在基里巴斯，芋头的品种多达24个。在基里巴斯，尤其在较湿润的地区，沼泽芋头曾是一道显著的风景。用来种植芋头的坑井挖掘到淡水层之上，然后铺上复合叶子以创造土壤层，将芋头球茎与复合叶子一起放在无底的篮子里种下去。坑井需要持续堆肥，至少一年4次，直到种植两三年之后才能收获，有一些品种可能养育10~15年才收获。受诸多原因的影响，如猪的骚扰、病虫害、气旋以及对进口食品的依赖增加等，这一传统生产呈衰落态势，在塔拉瓦环礁的部分地区，芋头甲虫使人们放弃了多数芋头坑井。

香蕉树不像椰树那样普遍，近些年香蕉树种植范围扩大，香蕉生态圈在塔拉瓦环礁较多。类似于传统坑井芋头种植，基里巴斯发展起香蕉生态圈，人为地创造出土壤和香蕉生长环境：在地下水层

基里巴斯

之上挖掘一个浅坑，坑底铺一层纸板，然后填上有机物，一圈香蕉树就围绕这一浅坑种植。将家庭产生的肥料放入坑的中央，经过一段时间分解就成为香蕉树的养料，洗涤用水也可用来浇灌香蕉生态圈并进而增强土壤肥力。塔拉瓦环礁的香蕉生态圈不仅为城市居民提供食品和商品，也有效利用了家庭产生的垃圾，可减少环境污染。香蕉生态圈得到重视和实施，2000~2005年，塔拉瓦环礁拥有香蕉生态圈的家庭增加了46%。

20世纪80年代基里巴斯开始引种新的水果、蔬菜，并获得成功。目前引进的蔬菜、水果主要在塔拉瓦环礁的家庭园艺园中种植，按照种植量自大到小为中国大白菜、南瓜、番茄、西瓜、黄瓜、硬皮甜瓜、辣椒、茄子、甜椒、卷心菜、芥蓝、秋葵等。邦里基村和邻近的布奥塔村是家庭园艺业的示范区，政府免费提供种子和技术指导。村民种植的蔬菜用于家庭食用和出售，种植者每周在当地市场上能赚到30~100澳元。2005~2009年，塔拉瓦环礁的家庭园艺业发展显著，不仅种植者增加，种植的种类更多。在家庭园艺园中，树类作物包括面包果树、木瓜树、酸橙树、椰树、无花果树、沙滩桑葚树、香蕉树、露兜树等，灌木类包括驱虫苋、木槿、甘蔗等，蔬菜水果类包括芥蓝、中国大白菜、英国卷心菜、甜椒、辣椒、西瓜、芋头、甜瓜、黄瓜、南瓜、番茄、茄子等。虽然文化的和经济的障碍依然存在，例如，在基里巴斯人的观念里，绿叶蔬菜是被当作猪饲料或被当作救灾的应急食品，并非必需的日常食材。但更严重的还是客观问题，如病虫害（如烟粉虱）、设施不足、土壤贫瘠、淡水不足等，缺少培训也是影响家庭园艺业发展的重要问题。外国捐助机构在基里巴斯开展的不少援助项目，大多数并不成功。虽然困难重重，但是只要付出努力，环礁岛可以节省用于购买进口食品的资金，将之更明智地用于改善健康状况、提高教育水平和其他发展项目上。

二　海洋种植养殖业

基里巴斯政府成功支持并促进了海洋种植业和养殖业的发展，主要是种植海藻和养殖黑珍珠。1977年菲律宾长心海藻首先被引进到莱恩群岛的圣诞岛试种，随后被引进到范宁岛。1981年政府将海藻转移到塔拉瓦环礁潟湖种植，使这里成为基里巴斯海藻种植业的基地。在吉尔伯特群岛有6个岛屿种植海藻，以小规模种植为基础。20世纪90年代初，阿拜昂环礁有2000名左右小业主，将近一半人种植海藻。1991年基里巴斯收获干海藻高达1019吨，按照与丹麦一家公司签订的购买协议，该年出口海藻798吨。1992年海藻出口量下滑，但这一年基里巴斯重组海藻产业，伴随着一个国有公司即环礁海藻公司（ASC）的组建，次年这个新公司获得向丹麦哥本哈根果胶加工企业提供货源的五年协议，这一成果保证了基里巴斯海藻的未来市场。莱恩群岛的海藻产业比吉尔伯特群岛发展得更好，1994年3月环礁海藻公司将长心海藻重新引进到圣诞岛和范宁岛，同年9月开始商业性生产，两年内干海藻产量增加到每年850吨，虽然吉尔伯特群岛的海藻种植趋于衰落，但莱恩群岛取得成功，使基里巴斯海藻种植业成为比较稳定的产业。1997年莱恩群岛的海藻产量因厄尔尼诺现象而减少，但依然占基里巴斯海藻总产量的77%。1998年海藻出口创汇超过50万澳元。海藻仅次于椰产品成为基里巴斯的第二大出口产品，这对于基里巴斯的经济独立具有重大意义。

海藻种植影响到圣诞岛和范宁岛的经济结构。在圣诞岛，一个

基里巴斯

6 公顷的小的潟湖沙坪被开发为每年可生产 350 吨海藻的种植场，可为 100 个家庭提供收入来源，海藻成为基里巴斯一项重要收入来源。海藻种植成功对于完善基里巴斯的经济结构具有多重意义。范宁岛海藻种植支持了政府人口迁移计划的实施，吸引了来自吉尔伯特群岛的定居者。按照人口迁移计划，吉尔伯特群岛人移居莱恩群岛后，可得到政府提供的现金，在岛上购买 0.25 英亩土地，后来增加到 1 英亩。在海藻引入之前，这片土地只能种植椰树，因为种植椰树实际上收入很低，不足以留住迁移来的人口，有些人返回吉尔伯特群岛。由于海藻种植使范宁岛人的收入超过了吉尔伯特群岛，这给予迁移人口以希望。这里比吉尔伯特群岛生活环境宽松，而且农民只需拿出收入的 5% 交给村落委员会，其余为自己的可支配收入。海藻种植者的收入相当于观赏鱼采集者，高于海参采集者，却没有这两种工作相伴随的生命危险。相对于椰子产业而言，多年来椰子生产需要政府补贴，而海藻种植不需要此类补贴。海藻种植也提高了妇女的经济地位，妇女不仅是积极的生产参与者，而且经常是主要的生产受益者，这一产业有利于提高妇女的经济地位。

从黑唇珍珠牡蛎中提取黑珍珠是基里巴斯一项比较新的养殖工程。一个由政府运行的实验农场在阿拜昂环礁建立起来，2003 年生产出第一批珍珠，进而政府在吉尔伯特群岛的布塔里塔里环礁、阿贝马马环礁、奥诺托阿环礁建立更多的实验农场。

三 海洋渔业

渔业是基里巴斯最重要的经济部门，据估计基里巴斯 80% 的家庭以渔业为生。基里巴斯最重要的渔业资源是金枪鱼，金枪鱼也是基里巴斯人民主要的蛋白质来源。与其他太平洋岛国一样，为提

第四章 经　济

高本国渔业生产能力，为国民提供工作机会，1981年基里巴斯投资建立渔业国有企业，但是经营不算成功，1988年捕获量为2300吨，1990年捕获量只有600吨。到2000年，这家国有渔业公司基本结束运营，4艘多钩长线渔船中的两艘已退役。

基里巴斯个体渔业活动在很大程度上保持着传统的经济地位，捕鱼在大多数基里巴斯人的生活中占有重要地位。基里巴斯人的沿岸捕鱼量为平均每年每人160公斤，只稍微低于新西兰。在城市化中心南塔拉瓦，传统食品生产因为快速城市化、过度集中的人口和对进口食品的依赖而快速减少，但是在南塔拉瓦的所有村子里，捕鱼还是重要的经济行为，总体而言南塔拉瓦的近岸捕鱼业比农业更盛行，所有人家都从事某种形式的捕鱼业，有50%的家庭出售鱼或贝类。即使在邦里基村，这里是南塔拉瓦主要的农业中心，村民较多从事农业园艺业，但也从事捕鱼业，只是主要用于自足，并不出售。南塔拉瓦有超过60%的家庭至少会偶尔买新鲜鱼来吃，因为他们喜欢新鲜鱼的味道胜于罐头。

基里巴斯渔业收入的主要来源是渔业捕捞许可收入，并在一定程度上支持着国有渔业。

与捕鱼相比，捡拾贝类处于次要位置，基里巴斯各岛屿贝类资源开发程度不同，塔拉瓦环礁采集量最大，其次是阿贝马马环礁。采集地点通常在沙坪、海草床或近岸生物栖息地，海草床贝类密度最大。大多数家庭在小岛的潟湖边采集贝类，妇女和孩子在潮间区域和浅的潮下区域采集，男性会离开海岸潜水拾贝。在基里巴斯人们主要采食24种贝类。贝类除了满足当地消费还用于出口，贝壳可用来制作手工艺品。

传统的海洋生产方式还有鱼栅和巨蛤养殖园，前者类似鱼陷阱，后者为贝类蓄养，将采集的贝类放到里面养起来，天气不好出海困难的时候，人们可以去巨蛤园采集。

20世纪晚期，基里巴斯人对海参几乎一无所知。基里巴斯海洋里的海参既丰富品位又高，而且就在近海。吴钟华先生帮助基里巴斯建立了海参加工业。他联系在斐济的一位华人朋友，请他到基里巴斯，先教给几个岛民捕捞海参和加工海参的方法，等岛民学会后，吴钟华先生跟基里巴斯官员商量成立一个海参捕捞加工公司，有一定海参存量后请那位华人朋友帮忙运到美国和澳大利亚销售，基里巴斯的海参加工业就这样发展起来。

第三节 能源产业、交通运输业与邮电业

一 能源产业

基里巴斯的能源产业最重要的当属南塔拉瓦的柴油发电厂。圣诞岛也有一个柴油电站，只为政府和旅游业提供电力。基里巴斯努力探索可再生性新能源，生物燃料、太阳能、风能都已得到利用。风能所占比例最低，主要用于抽水。基里巴斯的生物燃料是椰油，近年来基里巴斯的椰油压榨有限公司已开始用他们自己生产的椰油作为动力燃料，政府的部分车辆，以及少量卡车的燃料是柴油、椰油各50%混合。椰油经过处理被送入工厂的单独区域进一步加工成为燃料等级的油产品。基里巴斯在20世纪80年代初引进太阳能。2013年，基里巴斯与老挝的再生能源有限公司桑乐巴布（Sunlabob，Sunlabob由欧洲发展基金资助，为发展中国家提供可再生能源）签订太阳能援助合约。同年，桑乐巴布与基里巴斯签

订另一份合约，为一系列分布式太阳能项目提供设备，包括太阳能家庭系统以及乡村太阳能微电网安装项目，以及为光伏工程师提供培训。

二　交通运输业

基里巴斯运输业以海运为主，但空运具有重要意义，塔拉瓦为主要海港、空港所在地。基里巴斯船运公司经营各岛屿间的客运、货运业务，每月到达所有岛屿一次，收集椰子，运送货物，输送旅客。一艘来自澳大利亚的船大约每6周到达塔拉瓦一次。

基里巴斯的第一家航空公司为1977年成立的通加鲁航空公司，经营飞往吉尔伯特群岛16个机场的国内定期航线，通加鲁航空公司后来改为今天的基里巴斯航空公司，经营岛屿间的航运业务。2009年初基里巴斯第二家航空公司珊瑚航空公司成立，飞往国内的17个目的地。基里巴斯有2个国际机场，分别设在首都塔拉瓦和圣诞岛，塔拉瓦是主要的国内国际航空站，有一个主国际机场，基地在邦里基，其他居人岛屿都有机场。

基里巴斯的国际航空服务由基里巴斯航空公司、马绍尔群岛航空公司、斐济太平洋航空公司、瑙鲁奥尔航空公司（2006年之前称瑙鲁航空公司）提供。2001年基里巴斯与斐济达成协议，开辟次区域航线，从塔拉瓦飞往马绍尔群岛、斐济，所用飞机是基里巴斯航空公司从法国租借的新66座加货运舱的ATR-72型飞机。马绍尔群岛航空公司的航班从斐济楠迪经过图瓦卢富纳富提和塔拉瓦，飞往马绍尔群岛，每周两个航班。瑙鲁奥尔航空公司连接南塔拉瓦和澳大利亚，每周一个航班。基里巴斯为太平洋岛国论坛成员国，太平洋岛国论坛各国建立了南太平洋航空协会，谋求共同的航空环境和航空服务。

在圣诞岛,从1997年开始,总部设在美国夏威夷檀香山的阿罗哈航空公司,每周有一个航班从夏威夷飞往圣诞岛。斐济太平洋航空公司提供自楠迪至圣诞岛、回航由火奴鲁鲁至圣诞岛的航空服务。自2010年起,为促进圣诞岛的旅游业发展,基里巴斯政府开通从澳门途经圣诞岛至首都塔拉瓦的航线。

因为航空燃料价格上涨,2008年基里巴斯航空公司机票价格大幅度上涨,在2005年,从塔拉瓦到吉尔伯特群岛南部的塔马纳岛的单程票价是152澳元,涨价后为210澳元。

三 邮电业

基里巴斯的邮电业开始于殖民地时代。1982年基里巴斯加入《国际电信公约》,1986年成为国际电信联盟的第161个成员国。基里巴斯电信有限公司成立于1990年,基里巴斯政府占51%的股份,澳大利亚占49%的股份。除提供传统通信服务外,基里巴斯电信有限公司还提供电报、传真业务,销售、维修通信设备和零配件。

吉尔伯特群岛的每个岛屿都有一部公用电话,安装在岛屿委员会办公室,用户可用这部电话直接拨打国内或国际电话,这项服务由拜里基交换台提供,收发装备安装在塔拉瓦环礁。2004年基里巴斯电信有限公司在圣诞岛建立卫星地面站,公司也经营国际直拨业务。在需要呼叫警察、消防车和救护车的情况下,分别拨打992、993、994。移动电话系统起初是使用模拟技术,2005年转换为全球移动通信系统,圣诞岛、阿拜昂环礁、马拉凯环礁、迈亚纳环礁、塔比特韦亚环礁、奥诺托阿环礁获得了这种升级服务。在塔拉瓦环礁可获得通用移动通信系统（3G）和LTE（4G）服务，自2013年10月29日启用。

基里巴斯因特网费用比其他区域高，调制解调器需要购买或租借，基里巴斯电信有限公司提供室内调制解调器和室外调解器的出售和租借业务。

第四节　商业与旅游业

一　商业

首都塔拉瓦商业水平最高。拜里基政府中心区的超市从早上8点到下午7点营业，商品种类繁多，所有店员说英语，服务优良。另一家超市出售新鲜蔬菜、鸡肉、肉派、布料等，以及旅行者所需要的一切物品。专业的工艺品商店也为塔拉瓦增添魅力，那里有传统的和具有地方特色的手工艺品，如鲨鱼牙齿剑、扇子、垫子、箭、矛等。商业行为普遍存在，人们在南塔拉瓦的唯一主干道两边出售各种物品，岛民日常捕获的鱼类部分用于家庭消费，部分在当地市场出售。

在外部岛屿，零售商店和非店铺商业也都存在。在圣诞岛，商业比一般外部岛屿发展得更好，圣诞岛商业中心在伦敦村。

小面包店、地方风味饭店、小缝纫店渐渐发展起来，尤其是海员们，在见识了资本经营方式并积累了一定资金后，会选择回到故乡从事商业经营。

出售椰子是普遍的商业行为，岛民将椰子制成椰干肉，卖给国有椰子公司用于出口。种植海藻的农民出售干海藻。

基里巴斯

基里巴斯旅馆业主要由国家经营，政府鼓励私人投资。首都有七家旅馆，其中南塔拉瓦有六家旅馆，北塔拉瓦有一家毛利天堂旅馆，位于美丽迷人的潟湖边。阿贝马马环礁有一家简陋而质朴的旅馆，以苏格兰著名作家斯蒂文森的名字命名。圣诞岛的詹姆斯·库克旅馆以圣诞岛的发现者库克船长的名字命名。

二 旅游业

基里巴斯旅游业规模较小，却是重要的经济部门。到基里巴斯的游客人数较少但相对稳定，基里巴斯每年接待的游客数量基本保持在3000~4000人次，2010年不超过5000人次，基里巴斯是世界上游客数量最少的国家之一。但是，每年3000~4000人次的游客带来500万~1000万美元的收入，与海外汇款和海藻出口额相比，这一数字并不小。不可忽视的是，从2001年开始，挪威游轮为莱恩群岛的范宁岛每年带来20万人次的当天游客。

吉尔伯特群岛的假日旅游围绕潟湖游和战争遗迹游展开。莱恩群岛的圣诞岛也是基里巴斯旅游业的重要目的地，自20世纪80年代早期开始，圣诞岛以大量存在的北梭鱼、刺鲅、金枪鱼、巨大珍鲹吸引了钓鱼爱好者，每年有来自美国、澳大利亚、新西兰以及西欧等国家和地区的1500多名游客来此观光，享受钓鱼和潜水的乐趣。钓鱼爱好者可以得到当地专业导游的帮助。圣诞岛还有野生动物观光之旅（即鸟类观赏），游览地为自然保护区、潟湖珊瑚礁和裙礁。

基里巴斯旅游业的一个突破是2001年范宁岛成为挪威游轮航线上的一站，颇为有趣的是这是真正的无心插柳柳成荫。19世纪80年代，美国为对抗加拿大在五大湖区的船只对其客运业的影响，国会通过客运服务法案，禁止外国船只在美国港口间航行，除非航程中至少有一个外国港口。如果挪威游轮想要漫游夏威夷，它必须访问至少一个外国港口，而距离夏威夷最近的国家正是基里巴斯，于是在挪威游轮漫游夏威夷的旅程中，有了莱恩群岛北部的范宁岛一站。从 2001 年开始，冬季每两周一次、其余季节每周一次的游轮满载 2000 名旅客登上范宁岛，在这里待上最多 7 个小时，他们大部分是美国人，旅客大多聚集在岸边，可以欣赏孩子们表演舞蹈，享用免费的烧烤午餐。游轮为旅客提供自行车，可做环岛旅游。

基里巴斯慎重对待旅游业的发展。由于自然条件的限制，基里巴斯可获得的交通资源有限，旅游成本高，当地自然生态脆弱，都是需要考虑的因素。以圣诞岛旅游为例，圣诞岛旅游潜力较大，但是太高的旅行成本限制了游客数量，而游客增加将会影响到当地的生态环境。

第五节　财政与金融

一　财政

基里巴斯实行量入为出的财政政策，有外债，但绝无国债。

基里巴斯财政收入的来源如下。（1）税收，包括公司税、进口税、个人税、营业税等。1992 年，政府为低报酬经济活动引进回扣税制度，对一些进口奢侈品和一些替代本国产品的进口商品提高关税税率。（2）租赁费，包括渔业捕捞许可费、通行证收费以及日本航天局气象信息的付费。（3）援助资金和借款。（4）来自收入平衡储备基金的投资收入。其中，进口税、渔业捕捞许可费和

基金收入构成国家财政收入的大宗。

基里巴斯的财政支出包括：（1）公务消费性支出；（2）投资支出，包括用于公共设施、能源、交通、农业以及治理污染等有关国计民生的产业和领域的支出；（3）转移支出，包括社会保障支出、财政补贴、债务利息支出。

基里巴斯财政赤字较大，并且波动幅度较大。财政赤字与渔业许可收入、收入平衡储备基金提取以及政府发展工程的支出有关。2002年财政赤字只有1%，2003年因公共支出增加，财政赤字达13%。财政赤字由收入平衡储备基金收入弥补。

收入平衡储备基金对于基里巴斯财政具有十分重要的意义。在农产品出口或捕鱼许可收入低迷的时期，经议会许可，政府可从基金收入中提取部分资金，收入平衡储备基金允许基里巴斯政府一定程度的自给，这是大多数发展中国家难以比拟的，政府不需要向海外借贷以弥补财政赤字，也不必将重税加于国民头上，还允许基里巴斯政府对外部岛屿实施补贴。

二 金融

基里巴斯流通货币为澳大利亚元。基里巴斯国家金融体系包括基里巴斯银行和基里巴斯开发银行。基里巴斯银行成立于1984年，由基里巴斯政府与澳大利亚西太平洋银行合资经营，2001年改为与澳新银行合资经营，基里巴斯占49%的股份，澳大利亚、新西兰占51%的股份。基里巴斯开发银行成立于1987年，为基里巴斯国家银行，主要从事向私营企业提供贷款的业务。由海外汇款所产生的汇兑业务也是重要的金融活动。

基里巴斯的信托基金称为收入平衡储备基金，基金来源于巴纳

第四章 经　济

巴岛的磷酸盐矿收入。20世纪50年代，吉尔伯特群岛和埃利斯群岛殖民地的属地代表迈克尔·伯纳克奇（Michael Bernacchi）建议建立一个信托基金，由殖民地当局代表岛民管理，基金以巴纳巴岛磷酸盐矿收入为基础。基金于1956年创建，殖民地当局提供555580澳元，之后巴纳巴岛磷酸盐矿收入的25%被注入基金中（1963~1969年曾停止）。在基里巴斯独立之前，由基金产生的所有收入被重新投资，在1979年独立之后才开始有支出。自建立起，收入平衡储备基金增长相当可观，到2000年增长为6.58亿澳元。基里巴斯几乎不掌握基金资产，所有的基金资产由两个总部设在伦敦的基金管理机构经营。

　　基里巴斯政府慎重地管理这笔对于国家长远福利而言至关重要的基金。在基里巴斯国内，收入平衡储备基金由储备基金投资委员会管理，委员会包括财政部长和五位其他高级官员，委员会需要发布季度报告，提取基金需要得到议会的认可。收入平衡储备基金能够稳定政府收入，特别是在椰干收入和渔业收入较低的时候，政府被赋予权力从基金收入中提取资金。1989~1997年，政府每年提取一次资金，总量为4450万澳元，而这一时期基金收入大约为3.45亿澳元，提取额仅占收入的13%。1998~2000年政府没有提取基金，全部基金收入再注入基金，保证了基金持续增长。与各种经济经营相比，基里巴斯的基金运作可谓十分成功，将基金投入核心资本市场获取利润，而不是用于刺激地方经济，这成为太平洋地区的一个成功范例，也被视为资金运作的一种成功形式。总的来说，基里巴斯收入平衡储备基金的良好管理实践，包括公开、透明的政策，以及多样化的国际证券资产，使之良好地服务于基里巴斯人民。

基里巴斯

第六节 对外经济关系

一 进出口贸易

早在殖民地时代，岛屿原本自给自足的内向型经济发展为外向型经济，出口成为重要的经济活动，同时某些领域开始依赖进口产品，使基里巴斯国际贸易严重入超。基里巴斯的主要出口产品是椰产品、鱼类和海藻。椰产品出口形式有鲜椰子、干椰肉和椰油，干椰肉出口收入占出口总收入的约2/3。由于从外部岛屿到塔拉瓦环礁高昂的运输费用和出口费用，以及对农民的高额价格补贴，基里巴斯的椰产品出口成本很高。

基里巴斯最早向日本和韩国出售渔业捕捞许可证。2003年5月，基里巴斯成为第一个与欧盟签订渔业协议的太平洋岛国，协议最后有效期限为2012年9月16日。在此协议下，基里巴斯允许西班牙、法国、葡萄牙的4艘围网船和6艘延绳钓船在基里巴斯专属经济区内捕捞金枪鱼，捕捞限额为6400吨。2012年7月14日，在协议到期之前，基里巴斯与欧盟续签渔业合作协议，在新的协议框架下，渔船数量不变，捕捞限额增加到15000吨，欧盟每年支付1325000欧元。基里巴斯也向中国台湾和美国出售渔业捕捞许可证。

从20世纪90年代开始海藻也成为重要出口产品，其他出口产品包括宠物鱼、海参、贝类等，贝类就近出口到马绍尔群岛和瑙鲁，每年达1000吨。

基里巴斯需要进口的产品种类很多，不仅工业制造品，食品也

第四章 经 济

严重依赖进口。有几种商品进口数量大,并且呈增加态势。一是石油产品,石油产品在基里巴斯使用范围比较广,据世界银行所进行的太平洋区域能源评估,1990~2000年基里巴斯对石油燃料的需求每年平均增长4.9%。二是太阳能设备,2013年与老挝再生能源有限公司签订太阳能援助合约意味着太阳能使用将增加,这也意味着相关设备的进口增加。三是食品,2007~2012年,进口食品占进口商品的比重分别为79%、79.9%、69.7%、67%、80.6%、87.7%,进口食品包括肉和肉制品,谷物和谷物制品,乳制品和蛋,水果和蔬菜,酒水和烟草,以及其他农产品,其中肉类、谷物类和酒水烟草为进口大宗。

基里巴斯与许多国家有贸易往来,贸易伙伴国主要为日本、澳大利亚、美国、斐济、新西兰。基里巴斯从事进出口贸易的著名公司有安姆斯有限公司(Amms Co. Ltd)、阿巴马科罗贸易公司(Abamakoro Trading Co. Ltd)。安姆斯有限公司成立于20世纪70年代末,为基里巴斯国有公司,经营日用百货、饮料、食品、塑料制品、自行车、船用马达等。阿巴马科罗贸易公司成立于20世纪80年代中期,为公私合营的批发公司,在南塔拉瓦设有两个较大的批发公司,在外岛有13个小型批发公司,经营日用百货、饮料、食品等。塔拉瓦环礁有几家海藻、椰子收购公司,国有椰子出口公司在各岛屿有代理机构负责收购椰干肉。

二 劳务输出

基里巴斯海员服务于其他国家是基里巴斯劳务输出的主要方式,海外汇款因而成为基里巴斯国民收入的重要来源。根据2008年的资料数据,在近11万基里巴斯人中差不多有1100名基里巴斯

基里巴斯

海员工作于海外，他们每个月能挣到1200美元，这个收入在基里巴斯是可观的，因为国内的稳定收入是年薪2000美元。海员的工资大部分寄回家，2006年海员汇款占国家收入的15%，寄给个体家庭的汇款被大家庭和更广泛的社会共享，一个工人的收入通常支持一个大的群体，这实际上起到社会保障的作用，汇款被投资于基础设施建设和用于当地消费进而使当地经济受惠。近年来海员汇款额总体增长，根据世界银行发布的数据，2006~2012年分别为2303613.9美元、2725663.9美元、2884846.6美元、2784957.3美元、5154842.1美元、6003145.6美元、6080323.6美元。基里巴斯的劳务输出作为解决劳动力过剩的方法，可供其他国家借鉴。

基里巴斯负责海员雇用的三个代理机构为德国南太平洋海事服务（SPMS）、日本基里巴斯船员服务（KFS）、韩国基里巴斯海外海员职业介绍所。在几个雇主国家中，基里巴斯与德国渊源最深。为保持国际市场上的竞争力，基里巴斯海员不得不接受较低的工资和较长的劳动时间。商船海员主要是男性，2003年，一些经营者开始尝试雇用少量基里巴斯女性。

三　海外援助和海外投资

大量援助来自英国、日本、澳大利亚、新西兰、中国大陆（后来为台湾地区）、美国。美国的援助是通过多边组织提供的，目前日本、澳大利亚、新西兰是最主要的援助国。1986年初欧洲投资银行签署一个500万澳元的一揽子援助项目，渔业和通信优先。日本在基里巴斯基础设施建设方面投入大量资金，援建了首都发电厂、椰干肉加工厂、南塔拉瓦国际港以及部分外部岛屿的供水工程、太阳能设施等项目。根据世界银行发布的世界发展指标，

1980～2007年，基里巴斯得到的世界援助占国内生产总值的50%，2012年外部援助占国内生产总值的60%，在太平洋国家中最高。2010年亚洲开发银行董事会赞成提供1200万美元贷款用于南塔拉瓦道路恢复工程。

外部世界关注基里巴斯的饮用水和卫生问题，给予巨额资金支持。

基里巴斯的海员培训学校也受惠于海外援助，主要是德国出资，日本、欧盟国家、新西兰也有投资。

基里巴斯被形容为MIRAB型经济国，MIRAB指移民（MI）、汇款（R）、援助（A）、官僚政治（B），基里巴斯经济的确具有如此特征。这个生态脆弱的发展中国家曾经以巨大的代价支持了外部世界。现在，基里巴斯依赖外部世界的援助，努力提升经济独立的能力，海外汇款与国内的经济活动共同促进经济发展。

第五章

社　　会

第一节　社会结构与社会关系

一　社会结构

受基督教、殖民统治和现代生活方式的影响，19世纪后期至今，基里巴斯家庭结构经历了由传统大家庭到主干家庭再到核心家庭的转变。在西方国家进入之前，吉尔伯特群岛社会的基本组织是大家庭（extended family）聚落，基里巴斯语称作 kaainga，这是基本的居住单元，同一祖先的大家庭成员聚集居住。当大家庭聚落的成员增加，一个血缘相对亲密的家庭群在附近建立另一个聚落，新建立的聚落作为一个分离出去的实体运作，但是它要承认最初的大家庭的至高地位。

从19世纪70年代开始到20世纪，传教士和政府先后推动了合并村落运动，人们从传统土地迁移到合并村落里，由不同血缘的家族组成的合并村落代替以血缘为纽带的大家庭聚落，大家庭聚落逐渐离散，传统大家庭的内聚力渐渐被侵蚀。从大家庭分解到主干家庭进而到核心家庭是一个漫长的过程。1973年人口普查时，三

基里巴斯

世同堂的家庭数几乎是二世同堂家庭数的两倍，现在，以老人为核心的主干家庭依然是基里巴斯最重要的社会单元。但是核心家庭逐渐增加，根据传统，基里巴斯直系家庭（主干家庭）成员比邻而居，儿子娶妻后在父母的房子旁边建造自己的房子，现在儿子可能会离开父母到较远的地方居住。为了子女教育等原因，有些外部岛屿居民迁移到塔拉瓦。其中，有举家迁移的，也有水手的妻子带着孩子生活在塔拉瓦、年长的父母留在故乡的，这两种情况意味着核心家庭增加。

欧洲的影响带来基于大家庭的社会管理组织的变化。在欧洲人进入之前，吉尔伯特群岛北部岛屿已经出现明显的社会分层，在布塔里塔里环礁—马金岛、阿贝马马环礁—库里亚岛—阿拉努卡环礁以及阿拜昂环礁，一个大家庭聚落的领袖作为最高领袖而实行统治。在吉尔伯特群岛的南部岛屿，平等是更明显的特征，长者（unimane）掌握岛屿社会的管理权，影响社会的决定都是由长者一致决定的。殖民政府对殖民地原本实行的是基本的岛屿统治，最初是以最少干预岛屿事务为原则，承认吉尔伯特群岛北部岛屿首领、南部岛屿长者的责任制。之后，英国引进了一个新的权力阶层，即岛屿治安官，在理论上，治安官与传统权力人物一起管理岛屿，然而实际上作为殖民政府的代表，治安官很快成为岛屿政治中的支配性角色。

基里巴斯传统的岛屿政治核心是集会房。在北方的岛屿，组成大家庭聚落的家庭共享一座集会房，人们在集会房里讨论重要的社会、政治、经济问题，访问者也可以应邀参加。在南方的岛屿，一个大家庭聚落不拥有他们自己的集会房，而是在一个区的集会房里拥有一片座席（集会房附带一个公共的厨房、一个椰子储存房、一个沙滩房）。经过传教士和殖民政府开展的村落合并运动，基里巴斯每个村子的中央都有一座壮观的集会房，这里是社会生活的中心，它象征着全体社会：家庭、村落和岛屿社会。在集会房里，长者是核心，他们代表家族、村落发言。在基里巴斯独立前夕，由政界、教会、政府行政机关和科技服务界的年轻领导人构成的一个新的社会阶层出现，这些受过专业训练的年轻人被允许在集会房中就重要的发展规划与长者一起讨论，甚至妇女也被允许参与讨论。这些年轻人需要遵从集会房的传统礼仪，他们已经学会尊重并理解村落政治的本质，这对于维护基里巴斯国家政治的传统性至关重要。

在基里巴斯独立后，集会房呈现新的面貌，出现了许多由新教、天主教教会建造的集会房，教会运用集会房影响人民的生活。现在，在一些岛屿，长者和大家庭的作用有所减弱，在许多村落里，出现基督教堂代替集会房的趋势，人们倾向于在教堂里度过更多的时间。与教堂代替集会房功能相反，一些村落集会房有了宗教的功能，全体成员在那里一起唱圣歌、祈祷，这使得集会房成为社会和教育的中心，是知识分子和宗教领袖传教的地方。集会房有时也成为年轻人的体育活动室。

因为能够适应社会变化，集会房保持了与现代基里巴斯社会的相关性，虽然时代和观念发生了改变，但是集会房的基本功能和象征意义未变，始终是人们伸张正义和实现合作之处。集会房的传统和原则在现代基里巴斯得以延续，适应现代生活。

二　社会管理

基里巴斯社会的基本管理机构是岛屿委员会，在城市化区域南塔拉瓦有城市委员会，还有教堂委员会、合作社、学校委员会和地

基里巴斯

方法院。集会房的传统权威依旧影响着基里巴斯村落社会，社会管理者依赖于与村落长者建立关系而影响岛屿社会。宗教或政治事务不可能与传统社会组织分离，无论是公共的还是私营的合作企业以及新的社会机构，也依赖于通过与村落权威建立良好的关系以保证其社会效能。在历史上，阿贝马马环礁、布塔里塔里环礁曾分别由最高首领统治，虽然这种制度在殖民地时期被取消，但是他们作为家族的长者和大土地所有者继续有力地影响着当地政治。根据岛屿的传统，每个人都有资格进入集会房，但在其中发言的是长者，长者作为有明智观念的个体发言，然后作为大家庭的代表发言，最后代表村落发言。长者的决定总是受到尊重，虽然有时一些决定并不合适，但一旦获得长者批准，则必须执行。虽然现在关于长者的传统观念已经有所变化，当更多的受教育者和退休的公务员返回乡村，尽管他们阅历丰富，他们在集会房里拥有一定的地位，他们作为决策者的作用增强，但长者依然是村落社会的核心。

吉尔伯特群岛的大多数岛屿有长者委员会，主要由具有领导力的长者组成。长者委员会在岛屿委员会、教堂委员会、合作社、学校委员会都有代表，他们的会员身份以及由此产生的强大影响渗透于村落政治。岛屿委员会需要通过其中的长者代表与人民建立相互关系。长者委员会保护岛屿或村落人民的传统权利，抵制政府以及其他组织提出的不得人心的意见。通常长者参与重要政府机构如土地法院和地方法院的工作。在土地法院处理土地纠纷时，长者因具有关于岛屿土地所有权和社会结构的传统知识而有资格参与解决纠纷；在地方法院，长者出于道义的判断受到尊重。长者委员会是岛屿社会中最有力的传统政治单元，它的力量之源是长者自身的权威。

三　社会关系

无论在过去还是现在，在太平洋文化里，供养一个大家庭是传统文化的内在要素，对于每个基里巴斯人来说，家庭责任至高无上，他们首要的责任是供养大家庭。一个家庭有5个或更多孩子，老人是家庭的核心，严格的配偶关系得到重视。对于妇女来说，因为就业机会较少，所以生孩子是她们获取家庭地位和社会认可的主要途径。基里巴斯的文化传统中对于孩子没有性别歧视，在他们心中儿子、女儿同样重要。基里巴斯女童入学率较高，这是女性地位较高的表现。在乡村社会里，对于每一个家庭成员来说，包括那些德高望重的长者，孩子是家庭利益和人生趣味的主要源泉。

基里巴斯人将家庭责任延伸至亲戚乃至整个村落社会。虽然村落合并运动使传统大家庭的内聚力受到削弱，但是它作为基里巴斯文化的根并没有消失，在今天表现为依然广泛的亲属之间的义务式的相互照应，以及邻居之间的相互照应。例如，对塔拉瓦人来说，家庭责任使之不能拒绝外部岛屿的亲戚投奔他们。在外部岛屿，那些壮年男性外出打工的家庭，靠着亲属的慷慨相助，能够维持基本生活。基里巴斯在外工作的海员有1000多人，从他们的汇款受益的家庭占全国家庭的17%，一个海员的汇款至少可确保三个6口之家的日常生活。

现在，平等分享的传统社会精神开始受到商业环境的影响，财产用于社会共享的意识因个人积累生产资本的需要而有所改变，尽管财产所有者对他的大家庭成员依然有所关心，但是不能严重威胁他们自己的商业活动，商业资产和共享资源之间已经有所区别，甚至为了减轻传统文化的压力，许多人会隐瞒他们的资产，尤其是现

基里巴斯

金。但是，传统社会关系模式依然为主流，在接受外部文化较多的水手村亦然，由集会房所代表的传统社会价值体系依然压倒商业价值观，以及电视、广播宣传的生活态度和方式。一方面，有一种经营小企业的需求，例如，经营小巴运营；另一方面，存在着传统的或所谓"太平洋方式"，即个人或家庭所拥有的仍被要求社会共享，比如，拒绝亲戚借用某种东西，会被视作极端反社会和不礼貌的行为。赠送礼物、分享和互惠的习俗依然在家庭组织和社会上流行，家庭成员有义务或者乐于互相赠送物品或货币，这确保了平等分配家庭的剩余物品。

总之，基里巴斯以家庭为基础的社会有着严格的规则以及平等主义的道德体系，这保证了所有社会成员的福利，个人从属于家庭和社会需要，集体责任和义务至高无上。

四 族群特征

敏捷的攀爬者和从容的水手 基里巴斯人（包括女人）是敏捷的攀爬者，数千年里他们依赖高达数米甚至十几米的椰树为生，他们爬树的功夫自幼练就，基里巴斯人在儿童时代的游戏里就有攀爬这一项目。基里巴斯男人经常的工作是爬到高高的椰树顶上收取椰子或椰汁，自幼年到年过半百，在几十年里他们练就了敏捷的身手。同样，终生与海洋相伴，基里巴斯人拥有天生的海洋气质，是沉稳从容的水手。

热情率真的歌舞者 基里巴斯人爱唱歌，从起床到就寝，从幼儿到暮年，走到哪儿唱到哪儿。他们用歌曲表达对朋友的思念，对家乡的怀恋，对校园的热爱。在基里巴斯，最流行的是爱情歌曲，宗教歌曲也很流行，他们通常在教堂唱，在复活节、圣诞节、新年等节日唱，在欢迎、送别仪式上也唱。舞蹈也是基里巴斯人生活的一部分，不管男女老少，一听到音乐就会情不自禁地翩翩起舞。

独特性 基里巴斯人坚持自己的文化是独特的，独特性体现在他们的服饰、饮食和说话方式等方面。尽管基督教传教士在19世纪50年代就已来到，但是因为隔离在太平洋中心，基里巴斯文化得以保存下来，基督教为适应当地文化发生了有趣的自我改变。甚至作为受雇于其他国家的海员，在远离家乡、漂泊于世界各地的流动环境中，基里巴斯海员坚持他们的原生文化价值以及他们在家庭中履行的角色，在海洋的孤舟上创造出一个临时的住家社区。在巴纳巴岛和拉比岛，巴纳巴人强调他们与吉尔伯特人种和文化的不同，为此他们努力创造了自己的舞蹈来体现其独特性。

享受眼前 可能因为被广袤的海洋包围，大海赋予他们无穷无尽的食物，太平洋文化倾向于培养存在主义而不是长远观念，基里巴斯人认为应该享受当前美好时光，不必为未来担忧。例如，布塔里塔里环礁上的人与政府对人口过多的担心明显相反，他们几乎不关心这个问题，当他们被问及人口过多可能引起食物不足的危险，他们会指着那还未开垦的土地以及广阔的海洋，说他们一点也不担心，他们轻轻拍着吃饱的肚子，提醒提问者宴席上那一大堆芋头。对于当今世界关注的气候变化诸如气温升高以及海平面上升问题，基里巴斯有一部分人真正担忧乃至恐惧，但总体说来，基里巴斯人并没有生活在恐惧中，他们为当下而活。

重视教育 从殖民地时期开始，基里巴斯人就认识到教育的重要性，高度重视教育。根据联合国开发计划署1999年发布的数据，基里巴斯基础教育注册率为77%，成年人文盲率为8%。另一个重要表现是基里巴斯女童入学率较高。在拉比岛上，若唯一的公共汽

基里巴斯

车停运——这是经常发生的事情，孩子需要每天步行2个小时去上学，为了解决这个问题，人们在学校周围修建临时房子，学生和他们的父母得以在此容身，这样可节省路上的时间用来学习。

全民信教 基里巴斯人非常虔诚，对各种宗教都充满尊敬和好奇，宗教渗透在他们的生活中，影响到他们的思想和社会关系。每当星期天，南塔拉瓦的教堂挤满了人。外来宗教改变了大多数基里巴斯人的信仰，但并没有消除传统信仰，一些基里巴斯牧师和传教者崇拜不止一位神。

高度节约淡水资源 在珊瑚岛上，淡水是最为稀缺的资源，基里巴斯是世界上最节约用水的国家之一。基里巴斯人从小养成节约用水的习惯，无论是地下水还是积蓄下来的雨水从不浪费。

共享与合作 基里巴斯人拥有强烈的分享、合作、平等的价值观念。在某种意义上基里巴斯人的财产为社会共享，这里的社会并非政治意义上的国家，而是就亲人、近邻、朋友而言，并延及其他社会成员。基里巴斯是世界上最穷的国家之一，但人民高度关注社会群体，互相帮助，在基里巴斯没有流浪汉和乞丐。在德国、日本、韩国的船舶中，基里巴斯人总能够团结一致，自觉地听从年长者的意见，一如在他们的村落里，并且以这种价值观对待其他国家的同事。

根深蒂固的私有财产观念 基里巴斯人仔细守护他们所拥有的资源和财产，小偷要受到严厉惩罚。土地连带地下的淡水是私有财产，土地是财富的主要形式，承载着生活的权利，以及社会、政治和法律的意义。

朴素的政治气质 基里巴斯的国家管理者是朴素的，塔巴伊总统同岛民一样过着朴素的生活，平常总是穿短衣短裤和拖鞋。他毫

第五章　社　会

无官架子，赤脚走在街上，跟岛民一样，小孩子见到他，也都直呼他的名字"耶雷米亚"。他是捕鱼能手，每天下班后，和岛民一样，赤膊下海，每天捕的鱼除留下一些自家吃，多余的会尽量卖掉，多挣些钱供子女上学用。他在总统任期届满后，就成了一个腰裹一块中国花布的岛民。当时的副总统兼财政部长塞安纳奇为人厚道，待人诚恳，注重实际，完全保持着渔民的本色。他曾邀请徐明远先生访问他的故乡阿巴阳岛，这是塔拉瓦环礁北端的一个小岛。他提前回到岛上，天天光着背，赤着脚，和村民一起准备招待贵宾。当徐明远先生一行返回塔拉瓦时，塞安纳奇送他们去机场，他们乘坐的是一辆卡车，几位客人坐在驾驶室内，塞安纳奇和工作人员站在车斗里，途中一会儿倾盆大雨，一会儿烈日炎炎，副总统泰然处之。

第二节　国民生活

一　就业、收入与消费

基里巴斯的货币经济以服务业为主导，近1/4的成年人可获得稳定的工作，其中国家公共部门是最大的雇主，政府提供大量的公共服务岗位，其次是国有企业部门提供的正式工作岗位，两者提供了近70%的正式就业机会，私营企业提供约25%的就业岗位，其余的就业岗位由教堂提供。非政府部门提供的工作岗位包括商船海员、渔业海员、建筑工等。基里巴斯没有国家失业计划，不提供失业保险。

根据2006年的家庭收入和支出调查，基里巴斯家庭平均年收

基里巴斯

入约 8700 美元，莱恩群岛和菲尼克斯群岛最高，为 12300 美元，南塔拉瓦为 11500 美元，吉尔伯特群岛中部岛屿为 7800 美元，吉尔伯特群岛北部岛屿为 6600 美元，吉尔伯特群岛南部岛屿近 5000 美元。人均年收入为 1400 美元，莱恩群岛和菲尼克斯群岛最高，超过 1900 美元，中部吉尔伯特群岛为 1600 美元，南塔拉瓦近 1500 美元，北部吉尔伯特群岛为 1100 美元，南部吉尔伯特群岛超过 1000 美元。在综合收入中，工资占 35%，基本维持生存经济收入占 22%，估算租金占 14%，出售农产品和鱼占 11%，海外汇款和礼品占 10%，家庭产品出售占 5%，其他收入占 3%。在南塔拉瓦，最大宗收入来自工资和薪金。但在农村地区，最大宗收入是自产品出售，其次才是工资和薪金收入。

关于基里巴斯的消费结构，研究者统计的数据有所不同。2001 年，圣诞岛平均每个家庭每年从椰子种植中收入 2305 澳元，从渔业收入 1653 澳元，从椰子种植中收入的现金主要用于购买进口大米和其他种类有限的商品，以及支付学费、教堂收费。2001 年，平均每个家庭要花费 709 澳元购买大米，花费 363 澳元购买鱼，购买大米和鱼的两项支出占收入的 27% 左右。在南塔拉瓦和其他外部岛屿进行的调查结果与圣诞岛的数据相近，根据被调查者列出的各种花费清单，在南塔拉瓦贝肖地区的家庭中，食物支出占收入的 28%，教育费用占 20%，公共设施费占 19%，教堂收费占 18%。在外部岛屿的家庭中，食物支出占收入的 30%，教堂花费占 28%，教育费用占 20%。[①] 根据 2006 年的家庭收入和开支调查，基里巴

[①] Reddy, Sheila M. W, etc., Consequences of a Government – Controlled Agricultural Price Increase on Fishing and the Coral Reef Ecosystem in the Republic of Kiribati, *PLoS ONE*, Vol. 9, No. 5, 2014, pp. 1 – 11.

斯家庭年均消费情况为：食物占总支出的46%，住房占17%，家务费用占10%，送礼占9%，交通旅行费用占5%，杂项和服务费占5%，教育占4%，衣服鞋子花费占1%，烟酒开支占3%。南塔拉瓦食物开支占42%，外部岛屿占52%；在南塔拉瓦住房费用占20%，在外部岛屿占13%。[①] 就食物消费在家庭支出中所占比例而言，两项研究有较大差异，但大致可看出食物开支在基里巴斯消费支出中所占比例最高。

二 衣食住行

1. 衣着

基里巴斯人用来遮掩部分身体的传统服装是用椰树等植物纤维编织的，不需要包裹的部位便裸露着，男人女人皆如此。他们的衣着在19世纪后半叶发生较大变化，真正的纺织面料开始代替传统的草裙服饰，传统服饰只是在舞蹈表演或展现当地风情的场合穿。岛民不管男女老少，常年都赤脚走路，脚上要是穿鞋的话，也只是穿拖鞋。现在基里巴斯人的穿着已与世界接轨。因为处于热带地区，男子可以光膀子，穿短裤，也可以穿T恤，妇女可以穿连衣裙，也可以下身裙子上身T恤或短上衣。

2. 饮食

在受到强有力的西方生活方式影响之前，岛民生活的核心是鱼和椰子，潟湖和暗礁坪是经济中心，男人日复一日地驾驶独木舟捕鱼，落潮时女人和儿童在暗礁区域捡拾章鱼、蛤蜊和螃蟹等。岛民

[①] The Analytical Report on the 2006 Kiribati Household Income and Expenditure Survey, from the National Statistics Office, Kiribati.

基里巴斯

的食物品种算不上丰富，有椰子、面包果、露兜果、木瓜、香蕉、无花果，以及重要的根块食物——芋头等。用露兜果做成的圆饼干一样的薄片，是吉尔伯特群岛南部地区的美食。用从椰树收集的汁液做成的 toddy 是美味的饮料。鱼、虾、贝类以及海鸟为基里巴斯人提供蛋白质。自从与外面的世界发生联系，大米、面粉、罐头食品乃至饼干、巧克力、薯片等开始进入基里巴斯。在南塔拉瓦，在某种程度上脱离传统生产的人们，如那些挣工资的人会较多依赖进口食品。与南塔拉瓦相比，外部岛屿的人们更多地依赖传统饮食，只要有商船定期造访，大米、面粉等进口食品也会随之而来。

在基里巴斯人的传统观念中，绿叶是用来喂猪的，只有在灾荒时期才拿来充饥，但是在塔拉瓦环礁，由于蔬菜引种成功，塔拉瓦环礁人开始食用新鲜蔬菜，这在一定程度上改变了塔拉瓦环礁人的饮食结构。

饮用水来自地下淡水和雨水，传统的地下淡水获取方式是水井汲水，家庭水井依然是基本的淡水来源，它们紧靠住处，通常位于潟湖岸边。在南塔拉瓦，自 1987 年开始政府的供水系统向岛民提供自来水，每天最多 6 小时提供自来水，但还有许多家庭无法使用自来水。另外，雨水也是重要的水源，现在基里巴斯人加强雨水收集的能力，有条件的家庭建蓄水池储存雨水。那些使用自来水的家庭也需要雨水蓄水池来弥补自来水供应的不足。宾馆和公共设施也建有用水泥砌的蓄水池，屋檐下有露天的流水道，雨水从屋顶流下，沿着水道流入蓄水池。基里巴斯人不常喝水，椰汁是日常饮料，一种是椰果里的汁液，一种是从椰果嫩芽收取的汁液即 toddy，toddy 经发酵成为基里巴斯传统的椰酒，椰酒一般加水饮用，微甜，提神爽口。露兜果汁香甜可口，基里巴斯人常用它做饮料，不同于椰汁可以直接喝，露兜果汁需要榨取，或者将果肉切片放到锅里煮出汤汁。

基里巴斯的烹饪方式多种多样，烧、烤、煎、煮都有，主食椰子可以生吃，一些贝类也可以生吃。面包果可以用椰汁煮，或者烘烤，或者生吃，尤其是有种子的面包果成熟后可以直接吃。在外部岛屿，使用较多的燃料是椰壳、露兜树、灌木、面包果树和椰树等，其次是煤油（煤油也是重要的照明燃料）。在南塔拉瓦，煤油使用得较多，有少量家庭使用液化气煮饭。

3. 住房

基里巴斯人住房的一个显著特点是朴素。基里巴斯人大多数住在传统的草房里，房屋最常见的式样是两层，上层是封闭的睡房，下层是开放的活动空间，也可以用椰树叶编织的垫子封闭。下层是存放物品的地方，存放用露兜果制成的食品、椰子汁，以及干鱼等。椰树、露兜树提供房屋建筑材料，树干可做成柱子支撑房子，人们把露兜树树叶编织后用来覆盖屋顶。现在也有新式的砖房，海员家庭会将汇款的一部分用来建造砖房。在莱恩群岛的范宁岛，在挪威游轮定期到达之后，岛民获得赚钱机会，于是混凝土砖房开始出现。另外，人们在茅草之上覆盖锡皮房顶，这样可以收集更多的雨水。砖墙加上覆盖锡皮屋顶，这意味着一项奢侈的投资。

4. 交通

因为小汽车、巴士等交通工具的引入，塔拉瓦环礁的小岛间建起堤道，以便人们从他们的村庄到达政治和商业中心。20世纪80年代以来，中国援助的大量自行车成为基里巴斯人的重要交通工具，此外还有卡车、摩托车和船。在塔拉瓦环礁和圣诞岛，有小汽

车和公交车。在范宁岛，在挪威游轮定期造访之后，出现了机动脚踏两用车。

基里巴斯人的传统生活用品依然盛行，以范宁岛为例，岛民招待客人用的小碗是用椰树叶编的，用作筷子的两根小木棍是椰树叶的梗，用来装饭菜（米饭、生鱼和烤猪肉）的篓子是用椰树叶编的，人们坐的是椰席。用露兜树叶编织的席子柔软轻薄，不怕折，便于携带。外岛居民到南塔拉瓦，随身带着席子，到哪儿一铺就是床。露兜树叶席子既是财产，也是最好的礼物。露兜树叶还可以用来编织挂毯，或者编织供男人跳舞用的精致短席子。露兜树叶还可以用来编织方形和圆形的盒子、钱包、背包、扇子、垫子等。基里巴斯人还将露兜树叶层层分离，可以用来卷烟抽。

基里巴斯人的生活用品也越来越国际化。以范宁岛为例，在挪威游轮造访后，范宁岛上有了电话、水龙头、电源插座、圆珠笔、手表、强力胶水、掌上电脑等。海员们也带回电视机、渔网、厨房用具、发电机、珠宝等。

三　主要社会问题

1. 环境问题

基里巴斯城市化引起的环境问题在太平洋岛国中比较明显。首都塔拉瓦经历着由人口增加以及相关的城市化压力带来的城市管理问题，包括：过度拥挤，非正式居住人口增加，占据城市水源地以及政府租赁土地的居民增加，潟湖的污染，生活垃圾增加，自来水系统管理不善等。在塔拉瓦进口食品消费最多，每年产生约100吨铝罐，以及大量塑料瓶、塑料袋和其他包装，现仅有两个垃圾填埋场，垃圾处理能力不足。

2. 交通问题

南塔拉瓦唯一的道路路况不佳，坑洼不平，通行困难，汽车运行成本高昂，也造成邻近社区的健康问题。在雨季，雨水从道路冲向邻近社区；在旱季，未铺柏油的路段尘土飞扬。因排水不畅，一遇雨水便道路泥泞，积水滋生蚊虫。在最拥挤的贝肖岛周围，积水是持续性的问题，往往造成登革热暴发。道路交通安全问题严重，酒驾和高速驾驶比较普遍，尤其在周末，由于没有路灯，能见度不好，交通事故时常发生，夜间尤甚。2010 年 12 月，亚洲开发银行、世界银行帮助基里巴斯升级南塔拉瓦的道路，改善路况，增建人行道，改善排水系统。但是问题依然存在，即道路维护的费用过高。

3. 健康问题

营养不良导致日益严峻的人民健康问题。在受到西方生活方式影响之前，基里巴斯人的食物营养丰富且低糖低脂肪，人们很少有肥胖及由此带来的疾病的风险，数千年的海岛生活造就了基里巴斯人健美的体态。虽然他们的传统膳食中缺少蔬菜，但是椰子、露兜果、无花果、海产品等中含有丰富的维生素和矿物质。自 20 世纪以来，在外部岛屿和城市化中心，基里巴斯人饮食结构不同程度地发生变化，本来作为主食的椰子成为出口产品，同时进口食品在进口商品中占最大比例，传统的膳食平衡被打破。与传统食物相比，这些源源不断进口来的食品高糖、高盐、高脂肪、高胆固醇，威胁公共健康，基里巴斯现代文明病日趋严重，肥胖及由此带来的疾病的风险呈上升态势。虽然生活方式的改变和健康状况的恶化主要发生在城市化区域，但是基里巴斯的绝大多数人口集中在城市化区域，因此基里巴斯的健康问题颇为严重。另外，传染性疾病依然影

响到公共健康。

基里巴斯经济、医疗技术水平状况不佳,全国只有三所医院,只有南塔拉瓦的中心医院可进行外科手术,但外部岛屿人民到这里就医困难。外部岛屿只有卫生所,工作人员为护士。即使是综合医院也不能诊治所有的疾病,有的病人需要到海外接受治疗。对于健康管理和疾病预防,人民个人意识不足,政府部门所做的宣传引导工作也不够。

第三节 医疗卫生

一 常见疾病

由于生活方式的改变,基里巴斯出现了一些现代文明疾病,如糖尿病、心血管疾病、高血压、肾病、糖尿病的并发症视网膜疾病和神经系统疾病等。据近年统计结果,基里巴斯将近20%的男性和15%的女性,在不到40岁时死于此类非传染性疾病,将近27%的基里巴斯女性受到心血管疾病的困扰。非传染性疾病在城市化中心南塔拉瓦最为严重,在人口稠密的贝肖岛,可以看到很多体重过高的人,这里糖尿病发病率达25%。此外,恶性肿瘤也威胁到基里巴斯人的健康。

传染性疾病包括沙眼、肝炎、肺结核、腹泻、麻风病等。另外,由于维生素A摄取不足,眼干燥症在基里巴斯是常见病。

二 政策措施

1981年,在世界卫生组织的协助下,基里巴斯政府开始制订全民健康卫生发展计划，这个计划包括进行人口健康状况分析，制订健康目标和计划，分析导致恶劣健康状况的主要原因，以发展全国范围的社区自助小组为主要方式，为人民提供初级保健护理，通过开展健康教育来提高人民的健康水平。1982年，《全民健康卫生发展计划指导手册》（以下简称《指导手册》）颁布，详细解释如何贯彻这一计划。政府对所有护士和医疗助理进行了培训。《指导手册》还说明如何建立村落福利团体，促进社区居民健康。政府鼓励肺结核病人和麻风病人回到家乡诊所接受检查和治疗，并为孩子接种肺结核疫苗。这一计划还包括向岛民介绍蔬菜的营养并教他们种植蔬菜，村落福利团体人员向岛民分发蔬菜种子。基里巴斯于1985年开展评选最健康岛屿的活动，当年迈亚纳环礁被评为最健康岛屿。基里巴斯还实行其他促进健康的措施，如在典礼上演唱全民健康歌曲，将每年5月9日定为全民健康日。

基里巴斯采取了针对传染性疾病的预防和控制计划，包括接种肝炎疫苗。1995年，在10个太平洋岛国中有4个国家开始实施乙肝疫苗接种项目，基里巴斯是其中之一，另外3个是斐济、汤加和瓦努阿图。基里巴斯的传染预防与控制计划，可以作为其他低中收入国家和地区医疗保健制度的范例。

针对眼干燥症普遍流行的情况，1992年基里巴斯建立全国范围的维生素A补充项目，同时启动一个园艺项目，鼓励人民种植和食用蔬菜。由于在珊瑚岛土壤上种植蔬菜困难，基里巴斯人不食用绿叶类蔬菜的习惯依然存在。

基里巴斯开放地接受外援，中国医生曾为基里巴斯做出显著贡献。2005年，中国台湾与基里巴斯达成协议，台湾帮助基里巴斯培训卫生人员，提高基里巴斯的医疗水平。近年来，古巴的健康援

基里巴斯

助项目惠及基里巴斯,古巴医生来到基里巴斯,基里巴斯也派学生到古巴学习。澳大利亚有专门为太平洋岛国服务的志愿者组成的团体,为基里巴斯提供大量医疗服务。

三 改善情况

根据世界银行公布的数据,近年来基里巴斯卫生状况不断改善。如,2005~2012年,农村人口中获得经过处理的淡水的人数比例逐年增加,分别为46.0%、46.6%、47.3%、48.0%、48.6%、49.3%、49.9%、50.6%。同期,城市人口中获得经过处理的淡水的人数比例分别为83.3%、83.8%、84.4%、85.0%、85.6%、86.2%、86.8%、87.4%。同期,可利用改善的卫生设备的人口比例分别为36.5%、37.0%、37.4%、37.9%、38.3%、38.8%、39.2%、39.7%,其中,城市中可利用改善的卫生设备的人口比例为48.7%、49.1%、49.4%、49.8%、50.1%、50.5%、50.8%、51.2%。由于基里巴斯的人口集中于南塔拉瓦地区,因此南塔拉瓦的环境改善和人民生活质量的提高具有重要意义。

基里巴斯人的平均预期寿命不断提高,2004年、2005年、2012年人口预期寿命分别为65.9岁、66.3岁、68.5岁,[①] 这是整体卫生、医疗状况改善的标志。

---

① http://search.worldbank.org/all?qterm = Kiribati&language = EN&op = .

第六章

文 化

第一节 教 育

一 教育简史

最早在基里巴斯办学的是教会,19世纪50年代基督教传教士进入吉尔伯特群岛,传教与办学同时展开,此后直到20世纪50年代,教会在小学教育中具有重要地位,那时教师扮演两个角色:在学校教学生,同时作为传教者或牧师服务于社区。教育是无偿提供的,但学生的父母需要付出劳动,如帮助维修教室。20世纪50年代初期,新教撤出基础教育,基础教育由殖民地政府接管,政府在所有岛屿建立公立小学,而天主教会继续提供基础教育。从70年代开始,教会学校逐渐被吸收进公立的学校系统。从1977年开始,吉尔伯特群岛和埃利斯群岛殖民地实行7年免费义务教育,6~12岁的儿童接受免费义务教育。基里巴斯独立后延长为9年免费义务教育,最初只有塔拉瓦环礁和莱恩群岛的学生需要交纳一定的费用,2000年以后全部免费。

基里巴斯的高等教育机构包括南太平洋大学扩展中心、基里巴

基里巴斯

斯师范学院、塔拉瓦技术学院、基里巴斯海员培训学校、基里巴斯护士学校，都设在南塔拉瓦。海员培训学校为基里巴斯与德国合办。南太平洋大学是全球仅有的两所区域性大学之一，由12个成员国共同所有，包括3个分校，每个成员国都有一个通过卫星连接的大学中心，基里巴斯的扩展中心设在南塔拉瓦。

基里巴斯6岁以下儿童的学前教育首先是由家长开创的。家长认识到学前教育的重要性，随之行动起来建立学前教育中心，在南塔拉瓦和外部岛屿有多个学前教育中心招收4～5岁的儿童，这些学前教育中心的组织和教师选拔工作完全由家长来做，通常他们在小学教师中寻找那些在完成公立学校教学任务之后愿意做额外工作的老师，如果找不到这样的老师，家长就从村子里挑选，特别是有兴趣教孩子的年轻姑娘。几乎所有这些学前教育中心都是将村子的集会房或教会的房子作为教室。政府意识到学前教育的重要，将之列入国家教育发展计划。

基里巴斯基础学校课程设置及其与现实的冲突具有发展中国家的特色。在基础教育的后一阶段，首要教学目的是教会孩子应对未来的社会生活，在教育者的立场上，基里巴斯孩子不仅必须接受学术教育，也需要接受实践课程教育，如割toddy、捕鱼、编织垫子和建房屋，当孩子长大后，他们需要这些技能，但是家长所期望的是他们的孩子能够进入中学，学校教授当地技能在孩子家长看来是浪费学习时间，家长坚持认为他们自己能教给孩子那些技能，他们希望学校将时间用于更重要的学术科目。但是，当孩子需要学习基里巴斯传统技能的时候，家长实际上忽视了他们的责任。父母的期望使老师压力增大，有时候老师需要额外工作2～3个小时，为那些准备升学考试的学生进行特别的功课指导。

二 教育管理体制

教育部为基里巴斯的最高教育管理机构。基础教育的教学大纲是由一个教育委员会开发的,委员会成员来自教育部各部门以及不同的教会团体。教会代表参与教学大纲的制定,这使基里巴斯教育别具特色。1977年天主教和新教达成协议,将基督教教育纳入教学大纲,由与教会有关的人讲授。

在拉比岛,巴纳巴人有自己的基础学校和中学。拉比岛高中处在一个董事会管理之下,董事会的职责是协助学校负责人管理学校。

三 教育体制

基里巴斯的教育体制包括基础教育、中学教育、高等教育。基里巴斯免费义务教育为期9年,为6~15岁儿童提供基本教育,基本教育包括1~6年级(基础教育)和Form 1~Form 3学习阶段(初级中学)。

中等教育有三种形式:初级中学(JSSs),学制3年;普通高级中学(SSSs),学制3年,对极少数学生附加1年;联合中学(CSSs),覆盖从初中到高中6年中学教育。基里巴斯中学课程分为Form1到Form7,为数不多的中学开设到Form7阶段。初中阶段课程为Form1 – Form3,在Form3课程结束时学生参加考试,成绩优异者继续学习Form4 – Form6的课程(高中)。

一个学生要想进入大学深造,文科生需要获得英语、数学、地理、历史四门课程的合格证,理科生需要获得英语、数学、科学和一门选修课的合格证。

基里巴斯师范学院为全国的基础学校培养教师,这所学院的课

> 基里巴斯

程覆盖基础学校学生所学的课程，最低入学资格是通过 Form3 阶段的学习。两年课程结束后，毕业生有资格教 6~14 岁的学生。塔拉瓦技术学院提供范围广泛的职业技术课程，包括建筑、木工和细木工、计算机课程、商业课程、成人普通教育课程、工程学课程、英语、会计和其他课程，这些课程根据主题可持续 13~42 周，每门课程结束后有测试，通过者被授予证书。海员培训学校招收 16~25 岁的年轻人，为他们日后在外国船只上工作提供培训。南太平洋大学的基里巴斯扩展中心开设学分和非学分课程，帮助学生提高就业、工作能力，或者帮助学生获得学分以便进入更高水平的海外大学学习。

第二节　文学、艺术与体育

一　文学、美术和传统工艺

基里巴斯人民富有诗歌才情，诗歌是基里巴斯文学的主要形式。吉尔伯特群岛的创世纪神话堪称史诗，是以诗歌的形式展开叙事的。在现代文学家中，珍·莱斯特里是基里巴斯的文化名人，是一位多产的诗人，有《基里巴斯独木舟》《巴纳巴，我们的基里巴斯岩石》《我们的岩礁人民》《基里巴斯》《我的愿望》等诗作。

特维安瑞·特安罗（Teweiariki Teaero）是基里巴斯的教育家、画家和诗人。他发表的第一首诗是用英语写作的《蓝金》(*Blue Gold*)，是他向海洋的致敬。他的诗文选集 *Waa in Storms* 包括用英语、基里巴斯语创作的散文、诗歌以及素描和油画。

1976年，出生于英国、生活在乌干达的托尼·温科普（Tony Whincup）夫妇来到基里巴斯，此后25年里，他们留下许多基里巴斯的影像。2004年他们举办题为"Te Wa"（独木舟）的摄影展，展示了精彩而独特的基里巴斯文化。

特维安瑞·特安罗是一位天才画家。他最早的艺术创作是在家乡的沙滩上塑造形象，托尼·温科普曾是他的指导老师。特维安瑞·特安罗在澳大利亚留学期间，学习了美洲、澳大利亚艺术家以及太平洋作家和艺术家的作品，他随即决定必须学习更多自己国家的文化，并且做一名教师来教授本国文化。在中学教学中，他尝试将基里巴斯文化形象融入教学课程，如文身、垫子编制的纹样，为此他重新学习母亲的手工工艺。之后他去大学任教，进行更多的艺术探索以延续基里巴斯传统文化。近年来，在南太平洋大学的支持下，特维安瑞·特安罗举办了一些展览，包括他的油墨作品，与制陶工、音乐家合作的作品，作品反映了他对于本土主题和当地环境的关心。他去过美属东萨摩亚首府帕果，参加了2008年的太平洋艺术节，组建了一个年轻基里巴斯艺术家工作室，创作中心是传统艺术。同时他在进行一个训练班项目，旨在保护传统知识和文化遗产。在太平洋共同体秘书处的协调下，以及太平洋岛国论坛的支持下，他的工作室于2009年开始运作。他的绘画挂在南塔拉瓦机场贵宾休息室供旅客欣赏。

基里巴斯精湛的传统的手编、木篮子、贝壳首饰等成为基里巴斯独特文化的象征。

二 音乐与舞蹈

音乐、舞蹈是基里巴斯文化的重要表达方式，是民族和文化独

基里巴斯

特性的标志。基里巴斯传统音乐受欧洲影响较少,更多地保留了传统。密克罗尼西亚传统音乐与太平洋其他区域显著不同,以唱为主,很少使用乐器,主要伴奏乐器是海螺壳号角、棒、箱子(后二者用以敲击)。基里巴斯圣歌反映了远古时期依靠星辰航行的海员的适应力,海鸟的运动时的波动,以及远处云的形成。圣歌通常包含着向神或祖先的召唤,请求他们帮助。密克罗尼西亚音乐也是生活的反映,歌唱生活中的日常事件,包括捕鱼、割 toddy、造独木舟,还有美丽的爱情。

基里巴斯传统舞蹈依然活跃,如茹伊阿(ruioa)和巴特里(batere)两种舞蹈,动作集中在手、头和眼睛上。与汤加、斐济等太平洋国家相比,基里巴斯舞蹈没有受到基督教的太多禁锢,因而保存了传统的活力。基里巴斯舞蹈中女性有扭摆臀部的动作,这在汤加人和斐济人看来是冒犯行为。基里巴斯人相信舞蹈应该自然地将人引入愉悦的状态,对所有社会成员(男人、女人,不分年龄和社会地位)都如此。基里巴斯舞蹈没有乐器伴奏,以拍手为节奏,用一个盒子或锡盘足以敲打出节奏,这产生了一种野性的悲哀气氛。

巴纳巴人的舞蹈在受到吉尔伯特舞蹈的影响之后,在 20 世纪 70 年代重新找回自己的特色。巴纳巴岛最早的居民特·安卡家族的舞蹈是战斗舞,包括矛舞(te karanga)和短棍舞(e uarereke)。矛用海边的红木制成,用军舰鸟羽毛装饰。原来只有男性表演矛舞,现在女孩也被允许表演,而且服装相似,不同的是她们有用露兜树叶制成的胸衣。对于特·安卡人来说,矛舞是他们文化的一部分,在表演过程中,他们吟诵自己的历史并将之展示出来,好像真正在进行战争。

20世纪70年代在巴纳巴人诉讼英国政府期间，在拉比岛委员会的帮助下，巴纳巴人成功创建了自己独特的巴纳巴舞蹈队，作为他们不同于吉尔伯特人的身份和文化的象征，创新的音乐和舞蹈在拉比岛迅速流行。现在的巴纳巴舞蹈是传统与现代的融合，传统中有许多吉尔伯特元素，以及大溪地、萨摩亚等地区元素，并吸纳了世界其他地区的舞蹈动作和音乐元素。巴纳巴人通过舞蹈发现了他们曾失去的独特性。

基里巴斯舞蹈既是生活的一部分也是艺术，在国内，在庆典上有舞蹈演出和舞蹈比赛，在海外，基里巴斯舞蹈家经常巡回演出。2010年中国上海世博会太平洋国家联合馆的基里巴斯馆中，由13人组成的舞蹈队表演的拍手舞不借助任何道具和音乐，完全靠着歌声，并用拍手、拍腿和跺脚来打节拍，展示当地人划船、捕鱼、编织等浓郁的岛国风情。

三 体育

基里巴斯传统体育包括摔跤、独木舟竞赛，以及"奥列阿诺"（Oreano）比赛，这种运动是将一个又大又重的球投向对方队，力求不被对方抓住。现在，航海和其他水上运动、足球、板球、壁球、乒乓球、网球都很流行。

英联邦运动会和英联邦青年运动会是基里巴斯较早参加的国际赛事。基里巴斯的举重具有金牌竞争力。2004年基里巴斯第一次参加雅典奥林匹克运动会，这次运动会被称为奥林匹克大家庭最大规模的一次团圆，因为基里巴斯和东帝汶首次参加奥运会。对于基里巴斯来说，世界体育已经将他们作为奥林匹克大家庭的最新成员接纳。基里巴斯如约参加了2008年北京奥运会。

基里巴斯

2011年5月13日，在澳大利亚达尔文港阿拉费拉运动会上，基里巴斯实现金牌零的突破。18岁的举重运动员塔克尼阿·塔罗门（Takenibieia Toromon）在69公斤级举重比赛中获得金牌。

2012年伦敦奥运会上，基里巴斯队仅有三位运动员（两位100米短跑运动员和一位举重运动员）、两位教练员。体育精神在基里巴斯表现得如此纯粹，运动员在椰树和面包果树树荫下训练，没有运动房，如果下雨就停止训练。因为没有足够的设施，举重选手轮流训练。每个运动员每天有10美元津贴，获得奖牌没有奖金。

在基里巴斯国内运动项目中，独木舟竞赛最为流行，足球、排球也很流行，每年新年都举行一场足球锦标赛。近年来乒乓球运动在基里巴斯兴起，成为流行运动。

基里巴斯的传统文化成为全世界的财富，联合国教科文组织等国际组织提供基金和支持项目，记录、保护这个国家的文化遗产。基里巴斯的重要文化管理机构是坐落于南塔拉瓦的国家文化中心和博物馆，以及在拜里基新建的国家艺术馆。文化管理机构努力为艺术项目提供资金，展出手工艺品和其他具有文化历史意义的物品。2011年基里巴斯第一个艺术家协会诞生。基里巴斯传统的集会房从古至今都是名副其实的文化机构，人民在那里集会，欣赏歌舞和品尝美食。

第三节　新闻出版

一　历史研究和著述

1979年基里巴斯共和国独立之际，出版了《基里巴斯历史》

第六章 文 化

（Kiribati: Aspects of History），有英语和基里巴斯语两个版本，以此来纪念这个太平洋岛国的诞生。这是基里巴斯人自己撰写的第一部基里巴斯的历史著作，目的是用基里巴斯人的视角来展现自己的历史，为走向独立做准备。这部书分四部分。第一部分是创世纪、移民和传统。第二部分介绍1892年之前基里巴斯与欧洲捕鲸者、货商和传教士之间的相互关系（1892年吉尔伯特群岛被英国宣布为保护区），主题是宗教以及由新科技和宗教引起的岛屿间的内讧和扩张战争。第三部分写殖民地时期的历史，包括太平洋战争，截至1944年，包括三章，分别为控制、调整、觉醒。第四部分介绍独立进程，写独立前的35年，包括三章，分别为准备、孕育、重生。在这部以时间为线索的历史著作中，分散的岛屿环境对于人类历史的限制也是主题。另一个主题是吉尔伯特群岛南部、北部间文化和传统的差异，这些差异有些持续到今天。

这部历史书不免有一些缺点。例如，宗谱清晰存在于现代社会，但是书中很少记录这一重要知识，吉尔伯特人著名的航海知识也很少被记录，对近代史上外来宗教的引进及其影响的记述更是单薄。虽然如此，它仍然堪称一部略有瑕疵的优秀历史书，这部书不仅标志着一个独立新国家的诞生，也标志着太平洋历史发展的新阶段。

1993年，包括27位基里巴斯人在内的30位作者共同完成的基里巴斯的第一部政治史著作《岛屿政治：基里巴斯共和国》（Atoll Politics: The Republic of Kiribati）出版，记录了基里巴斯独立的历史和独立后塔巴伊时代的国家政治。

2001年，第一部由巴纳巴人撰写的巴纳巴岛历史著作《巴纳

基里巴斯

巴的脊梁》[Te Rii Ni Banaba (The Backbone of Banaba)] 问世，通过记述巴纳巴社会的神话、传说、习俗、文化、运动、音乐、舞蹈、图腾展现巴纳巴岛的历史。这部著作对巴纳巴岛的家族历史、欧洲人的到来、二战期间日本占领巴纳巴岛、战争和开矿使巴纳巴人两次被迫离开故土等进行了新的探索。该书不仅介绍了传统知识，也是一部研究性的著作。因为得到拉比岛长者的允许，书中得以出现一些有争议的和禁忌的事情，如宗谱、庆典仪式和村落的位置。这部书面向巴纳巴人以及所有对巴纳巴岛历史感兴趣的读者，许多资料是由与事件有关的长者和宗族成员提供的。这部著作清晰地揭示巴纳巴人有着独特的习俗和传统，只是因为遭受入侵和被迫迁移才被改变了。

20 世纪西太平洋岛屿民族志研究硕果累累。夏威夷大学的卡捷琳娜·玛蒂娜·特利瓦（Katerina Martina Teaiwa）对巴纳巴岛磷酸盐矿的研究开始于 20 世纪末，使密克罗尼西亚地区进入海岛民族志研究的序列。特利瓦的父亲出生在拉比岛，后来成为拉比岛岛屿委员会主席，母亲是非裔美国人。特利瓦出生于斐济，在苏瓦长大。她获得澳大利亚国立大学的人类学博士学位，任教于夏威夷大学。1999~2002 年，特利瓦对斐济、澳大利亚、新西兰、基里巴斯进行多点研究，特殊的文化和教育背景使她对西太平洋群岛的观察更具反思精神。她的博士学位论文研究主题是基里巴斯与被迁徙的巴纳巴人之间的联系，她特别关注磷酸盐矿的影响，以及舞蹈的形成方式所象征的文化、政治意义。她创立并教授一门被称作"躯体与太平洋研究"的课程，探索以舞蹈艺术的视角进行太平洋研究。她还教授关于大洋洲女性、全球化、文化和消费的课程。作为一名舞蹈家和影像制作者，特利瓦在苏瓦、堪培拉、火奴鲁鲁和纽约等地召开的国际会议上声誉显著。对于学术成果的呈现方式，她强调影像资料的重要作用。

二　门户网站

基里巴斯人珍·莱斯特里女士创建了基里巴斯网站、大洋洲网站、密克罗尼西亚网站、大洋洲旅游网站，有多个域名。在她的基里巴斯主页（JANE'S KIRIBATI HOME PAGE）里，她直言基里巴斯网站是由一位基里巴斯人为基里巴斯人民、基里巴斯的朋友而创建的，也为那些希望深入了解基里巴斯的朋友而创建。网站内容包括基里巴斯概况、社会起源和文化、膳宿旅行、学校和教育制度、吉尔伯特群岛的战争、航海与天文、传统食品加工和礼仪、环境问题、金融管理与银行信息等，十分丰富。大洋洲旅游网站可链接到美拉尼西亚、密克罗尼西亚联邦、法属波利尼西亚以及澳大利亚、新西兰的官方网站。

巴纳巴网站由《巴纳巴的脊梁》一书的作者维护。这一网站不断升级，为世界带来更多有关巴纳巴人民历史、境况的信息。

"Kiribati Books"是一个介绍有关基里巴斯的书籍的网站。与珍的网站一样，这个网站也提供了一些书籍的片段，如"天文学与航海""航海者的食品"等。

三　媒体

1954年英国殖民政府在太平洋地区建立广播站，之后建立广播出版署。1979年，英国颁布广播出版法，这一法令至今在基里巴斯有效，只进行了极少的修改，尤其是权力属于政治领导者这一点完整地保留下来。基里巴斯的广播出版署主宰着基里巴斯的媒

基里巴斯

体,拥有一个广播电台和一份周报,2010年广播电台节目覆盖基里巴斯所有岛屿。南塔拉瓦电台用英语和基里巴斯语广播,周报《生命和智慧之树》用基里巴斯语、英语混合出版,每周五下午发行。基里巴斯公众越来越依赖广播电台的信息,广播电台在许多方面与其他新闻媒体相比拥有极大的影响力。

基里巴斯第一家电影院出现于1951年12月,由基里巴斯商人联合建立。录像带在1981年首次输入基里巴斯,很受民众欢迎。

第七章

外　交

第一节　外交简况

基里巴斯于2001年设立第一个驻外外交机构——驻斐济高专署，在夏威夷火奴鲁鲁有一个领事馆，没有其他专任驻外使节，仅在少数国家设立名誉领事。澳大利亚、新西兰、古巴在基里巴斯设常驻使馆。

基里巴斯奉行与所有国家发展友好和谅解关系的政策，重视与英联邦国家的关系，努力与环太平洋国家建立友好关系，重视发展与南太地区各国的睦邻友好关系，强调通过国际合作发展第三世界的经济力量，对太平洋共同体、太平洋岛国论坛等区域组织持积极参与、合作的态度。

基里巴斯积极融入国际社会，为多个国际组织的成员，参加了以下国际组织：联合国，世界银行，国际货币基金组织，国际民航组织，国际通信卫星组织，国际电信联盟，万国邮政联盟，日内瓦公约，世界卫生组织，联合国教科文组织，英联邦，非洲、加勒比和太平洋国家集团，亚洲开发银行，亚太计量规划组织，太平洋共同体，太平洋岛国论坛，南太平洋委员会，等等。

基里巴斯

在基里巴斯的外交政策中，经济因素占相当大的比重，并经常成为基里巴斯政府的首要考虑因素。因为财政和人力资源有限，基里巴斯需要国际援助，但坚持独立的外交政策，正如塔巴伊总统所说，基里巴斯接受友好国家援助的原则，是有利于增强经济独立的能力，而不是增加对援助国的依赖。①

基里巴斯强调维护国家主权和领土完整，反对别国干涉其内政和掠夺其资源。基里巴斯重视自身的环境安全，独立初期塔巴伊总统指出须慎重发展旅游业以保护本国脆弱的生态环境。基里巴斯关心整个南太平洋地区的安全，反对其他国家在此地区倾倒有害废弃物，反对在该地区进行核试验。

由于20世纪以来全球气候变暖以及由此引起的海平面上升，基里巴斯的低平岛屿面临消失的危险，同时，他们经受着生物多样性减少、淡水资源缺乏的威胁，基里巴斯积极呼吁国际社会采取有效措施，防止海平面上升威胁岛国的生存，在许多国际场合呼吁环境保护，减少二氧化碳排放，维护太平洋岛屿国家的权利。2010年，约40位来自世界各地的官员前往基里巴斯考察气候变化对这个小国的影响。2010年11月墨西哥气候大会召开之前，基里巴斯总统汤安诺主持了一场在塔拉瓦举行的气候会议，受到气候变化威胁的脆弱国家以及美国、日本和中国参加了会议，会议产生非法律约束的协议《安博宣言》，以基里巴斯议会所在地安博（Ambo）村的名字命名。宣言要求采取更多的和更直接的行动消除影响气候变化的因素和不利影响。近年来，汤安诺总统积极探寻集体移民的可能，在万一太平洋彻底吞噬他们的

---

① 吴钟华：《南太不了情》，第92页。

国家之前集体迁移，以保护他们的独特文化不因移民他乡而消失。基里巴斯积极寻求国际支持以应对环境危机，包括来自研究领域的支持，最近英国研究机构的科学家提出在塔拉瓦环礁建设人工岛以应对海平面上升的问题，并对这一理念的可行性进行了翔实的论证。

第二节　与欧美国家的关系

一　与欧洲国家的关系

从1979年基里巴斯独立到1984年，英国一直是基里巴斯的主要资金援助国。1986年，英国改拨款援助为工程援助和技术援助，如援助基里巴斯加固机场跑道，2000年支持基里巴斯建立社区剧院，使基里巴斯人能够在中心岛屿和遥远的外部岛屿观看以环境为主题的戏剧。2007年，英国高级委员会、英国气象办公室升级太平洋地区的气象站，极大地提升了太平洋地区天气预报的水平。

2005年初，英国关闭了在基里巴斯的外交代表处，在斐济设立高级专员代表，负责对基里巴斯、汤加、瓦努阿图的外交事务。

基里巴斯与德国有着特殊的密切关系，德国货轮是基里巴斯海员的主要雇主，德国资助的基里巴斯海员培训学校为德国提供了稳定的劳动力市场，海员与外部世界的接触一定程度上改变了基里巴斯的历史传统。

法国在太平洋地区有属国波利尼西亚，基里巴斯的莱恩群岛在

基里巴斯

其西北方。1966～1972年法国曾在波利尼西亚进行空中核试验。1995年9月1日法国恢复在这一区域的核试验，9月5日进行第一次地下核试验，这激起法国国内和世界其他国家的反对，在法国决定恢复进行核试验时，基里巴斯宣布与法国中止外交关系。1996年9月5日，法国政府宣布在南太平洋地区永久停止核试验，基里巴斯随后宣布恢复两国关系，2001年，基里巴斯租借法国飞机开辟次区域航线。

2003年，基里巴斯成为第一个与欧盟签订渔业协议的太平洋岛国。2012年，基里巴斯与欧盟签署新的渔业合作协议（FPA）。

二 与美洲国家的关系

1979年9月20日，基里巴斯与美国签订友好条约，1980年两国建立外交关系，美国向基里巴斯派出全权公使，并于1983年9月23日交换条约批准书，据此，美国放弃对基里巴斯14个岛屿的主权要求，基里巴斯允许美国保留对其军事设施的排他使用权和在基里巴斯经济区的捕鱼权。美国没有在基里巴斯设领事和外交机构，驻斐济苏瓦的美国大使馆官员负责处理对基里巴斯的事务。此后，美国驻马绍尔群岛、基里巴斯的大使馆设在马绍尔群岛首都马朱罗。基里巴斯没有在华盛顿建领事馆，2013年在纽约派驻一个代表团。

古巴与基里巴斯于2002年9月建立外交关系，古巴在基里巴斯有常驻使馆。在古巴与太平洋岛国首次部长会议举行之后，2008年9月古巴与太平洋岛国正式建立广泛联系，与基里巴斯、所罗门群岛、图瓦卢和瓦努阿图签订广泛协议。

第三节　与太平洋邻国的关系

一　与澳大利亚和新西兰的关系

1981年澳大利亚在基里巴斯开设高专署。基里巴斯与澳大利亚有着多方面的密切关系，每年从澳大利亚进口的商品额占国家总进口额的一半左右。澳大利亚在基里巴斯一些政府部门派有顾问，是基里巴斯的重要援助来源国。2005年，在基里巴斯庆祝独立26周年之际，澳大利亚外交通商部宣布增加200万澳元资金援助，帮助基里巴斯减少气候变化带来的不利影响，通过基础设施升级，监控地下水质，改善卫生系统，减少地下水污染，帮助基里巴斯改善水资源管理。2008年，澳大利亚与基里巴斯、汤加、瓦努阿图政府代表签署第一份政府间协议，实施太平洋区域季节工人实验计划，这一为期3年的实验项目允许2500名来自基里巴斯、汤加、瓦努阿图等国家的工人在澳大利亚劳动力不足的地区从事园艺业。澳大利亚还向基里巴斯提供护士培训，有的接受培训者回到基里巴斯，在国家卫生系统工作，也有很多人留在澳大利亚工作。2009年8月，在澳大利亚昆士兰首府凯恩斯举行的太平洋岛国论坛会议上，各岛国领导人同意商讨一个太平洋区域的新的贸易和经济协议，提高岛国人民的生活水平，促进长期持续的经济发展。

1989年新西兰在基里巴斯开设高专署。基里巴斯的莱恩群岛发展计划得到新西兰的资助。新西兰为基里巴斯、库克群岛、纽埃各国的专属经济区提供进行海事监控所需的海军。近年来，新西兰向基里巴斯提供永久和短期的移民名额。2001年12月，新西兰政

基里巴斯

府宣布每年接纳汤加、图瓦卢、基里巴斯有限的移民，其中基里巴斯为 50 人，申请者需要符合健康、年龄要求，有基本英语应用能力，有机构为之提供工作。2006 年，新西兰为基里巴斯、汤加、斐济、图瓦卢、瓦努阿图 5 国提供 5000 个临时工作机会。2010 年 6 月 11 日新西兰主持了渔业会议，与会者是来自基里巴斯、瑙鲁、所罗门群岛、图瓦卢的渔业部长和官员，他们就太平洋地区渔业管理和开展更密切的合作进行讨论。新西兰的援助重点为帮助各国保护渔业资源，保证可持续发展，产生更大的经济效益。

二 与太平洋其他岛国的关系

基里巴斯与其他太平洋岛国开展多领域的合作。太平洋航空公司是太平洋国家合作的典范。在太平洋航空公司中，斐济政府持有 51% 的股份，澳大利亚澳洲航空公司持有 17.45% 的股份，新西兰持有 1.94% 的股份，其他股份由所罗门群岛、基里巴斯、汤加、萨摩亚、瑙鲁持有。1998 年，斐济将 28.55% 的股份转卖给澳洲航空公司，使之在太平洋航空公司的股份增加到 46%，斐济政府希望以此增强澳洲航空公司在太平洋航空公司的地位，以便制定更好的合作战略来开拓市场和开展国际服务。[①]

因为国际犯罪如毒品走私、偷渡和洗钱多发，2001 年岛国间组成新的联合警察机构。2005 年，在巴布亚新几内亚莫尔兹比港召开的太平洋岛国论坛会议上，论坛国领导人签署"太平洋计划"（Pacific Plan），以加强太平洋区域的合作，其中包括太平洋区域发展的四个核心，即经济增长、可持续发展、良好政治、安全。作为

---

① "Fiji signs Qantas sale deal", *Dominion*, Vol. 5, p. 16.

一个动态的文件,"太平洋计划"声明太平洋区域作为一个整体应对所有挑战以提高各国人民的生活水平,共享发展机会,促进人民富裕。

在国际最高审计机构中,太平洋地区作为一个整体存在。1991年,基里巴斯主持了最高审计机构南太平洋协会的第二次代表大会。面对太平洋区域多样化的公共审计标准,南太平洋协会为太平洋区域合作提供支持。第一轮支持项目在2010年完成,包括基里巴斯、瑙鲁和图瓦卢的财政审计。对基里巴斯的第二轮支持项目于2012年完成。

2010年,澳大利亚、斐济、基里巴斯、马绍尔群岛、新西兰、萨摩亚、所罗门群岛、图瓦卢、瓦努阿图、巴布亚新几内亚达成一个新的通用框架,集中精力应对太平洋岛屿国家面临的就业危机。

太平洋岛国联合抑制气候变化对岛国的影响,保护生物多样性。1998年,在阿根廷首都布宜诺斯艾利斯举行的联合国气候变化框架公约第四次缔约方大会上,太平洋岛国集体呼吁发达国家采取紧急措施应对气候变化。2000年,基里巴斯主持太平洋岛国论坛会议,气候变化问题依然是重要议题。2010年,太平洋岛国在国际上的联合行动积极而多有成效。继《安博宣言》之后,2014年7月,在独立纪念日之前,汤安诺总统发起了与马绍尔群岛、马尔代夫、图瓦卢领导人缔结珊瑚礁岛国气候变化联盟。

在渔业和专属经济区管理方面岛国之间密切合作。1982年,密克罗尼西亚联邦、基里巴斯、马绍尔群岛、瑙鲁、帕劳、巴布亚新几内亚、所罗门群岛和图瓦卢八国签署《瑙鲁协定》,目的是保护成员国水域的渔业资源。鲣鱼主要产于热带海域,成员国水域的鲣鱼产量占全球产量的逾1/4,更占中部和西部太平洋鲣鱼供应量

基里巴斯

的六成，而成员国金枪鱼的产量占全球产量的1/4。各国已普遍实施观察员制度，用于监督此海域禁渔令的实施。《瑙鲁协定》成员国以创新的保护和管理措施而闻名，如船舶作业天数计划，关闭捕鱼区域以及控制鱼群聚集装置的使用。成员国还探讨禁止使用鱼群聚集装置以避免大目金枪鱼被过度捕捞，目前规定一年中有3个月禁止使用该装置。2010年2月在帕劳首都科罗尔举行《瑙鲁协定》第一届总统峰会，会议宣布从2011年1月1日起，在北纬10°~南纬20°、东经150°~170°之间的海域，禁止具有作业许可证的金枪鱼围网船捕捞金枪鱼，这一区域面积为445.5万平方公里，西至帕劳和巴布亚新几内亚，东至基里巴斯，北至马绍尔群岛，南至图瓦卢。2011年7月，《瑙鲁协定》成员国于萨摩亚召开部长级会议第五次特别会议，本次部长级会议的主要成果如下。（1）2012年6月在与美国的捕鱼协议到期后，美国必须依据船舶天数方案作业，如同其他双边伙伴一样，美国船队必须支付《瑙鲁协定》成员国水域内的渔业天数交易费用以支持当地的经济发展，美国对当地的援助必须与渔业准入区别开来。（2）在即将召开的中西太平洋渔业委员会第八次年会上，《瑙鲁协定》成员国提议制定一项适用于所有成员国的鲣鱼养护与管理措施，成员国部长们就最低渔业天数价格达成一致，制定5000美元/天的最低价格限制，从2012年1月1日起开始执行。（3）成员国部长们签署了围网最小网目尺寸（不低于90毫米）的规定，并将成员国水域禁渔期从3个月延长到6个月。（4）设立全球金枪鱼日。[①] 2014年6月12日，成员国

[①] 《PNA第五次部长级特别会议结果》，http://www.cndwf.com/bencandy.php?fid=10&id=6517。

在马绍尔群岛首都马朱罗举行年度会议,决定从2015年起,进入辖下水域捕捉鲣鱼的费用增加六成,确保鲣鱼渔业的可持续发展。目前,《瑙鲁协定》成员国每年开放5万个配额供各国渔船捕捉鲣鱼,捕鱼者多数来自美国、中国、韩国、日本和欧洲国家,他们须每日支付6000美元方可进入签署国水域捕捞作业。①

由于历史渊源,图瓦卢是基里巴斯在太平洋最好的朋友之一。斐济对于基里巴斯也具有特殊意义。2001年基里巴斯向斐济派出第一位高级专员,建立第一个大使馆,基里巴斯在斐济太平洋航空公司拥有股份。2010年,基里巴斯总统应邀出席美拉尼西亚先锋集团会议,这是基里巴斯第一次参加美拉尼西亚地区国家的会议。斐济是基里巴斯最重要的贸易伙伴之一,基里巴斯有很多商品来自斐济,在经济、运输和其他相关领域依赖斐济。斐济接收了巴纳巴岛移民,并给予巴纳巴人在斐济议会的席位。2009年,斐济提出将考虑接收基里巴斯和图瓦卢的气候难民。2014年基里巴斯与斐济签订协议,斥资830万美元在斐济瓦努阿岛购买一片林地,面积大约为24平方公里。②

第四节 与其他太平洋国家的关系

一 与日本、菲律宾等国家的关系

日本是基里巴斯的主要援助来源国之一,向基里巴斯提供大量

---

① 《太平洋8个岛国决定2015年起进入辖下水域捕捉鲣鱼的费用大增6成》,http://www.uux.cn/viewnews-61235.html。
② 《基里巴斯已买地谋搬迁——海平面上升 岛国面临被淹》,《京华时报》2014年9月24日第025版。

基里巴斯

援助资金，南塔拉瓦的拜里基至贝肖岛的堤道、贝肖码头、议会大厦都是日本援建的。日本援建的南塔拉瓦发电厂于 2002 年底竣工投产，基本解决了长期困扰首都的供电难题。日本以低于零售价的价格向基里巴斯提供大量的大米。

1999 年 11 月，日本国家太空开发署（日本宇宙开发事业团）租用圣诞岛的土地建立宇航中心，租期 20 年，日本每年为此支付 84 万美元，并偿付对于道路、环境带来的任何破坏。①

有不少国家的渔船在基里巴斯专属经济区水域内作业，其中日本是基里巴斯最重要的合作伙伴。2010 年汤安诺总统接受日本记者采访时强调基里巴斯与日本的渔业合作关系，日本需要渔业资源，又有利用渔业资源的先进技术，基里巴斯与日本成为合作伙伴，在各自的立场上深化合作，双方都能从中受益。汤安诺总统对两国渔业合作给予高度评价，称基里巴斯与日本的合作硕果累累，其中最重要的是给基里巴斯国民带来实际的利益，基里巴斯与日本海外渔业协力财团（OFCF）多年的合作卓有成效，其中给岛屿国家配备制冰机的项目深受欢迎，对基里巴斯国民生活的改善起到了直接的作用。由于基里巴斯缺少技术和设施，因此具有经验和技术的日本是不可缺少的合作伙伴，基里巴斯希望从日本政府方面得到支持和援助，希望两国合营企业继续加深关系，也期待与此前曾经有过合作的企业重新建立关系。②

菲律宾与太平洋岛国有密切交流。菲律宾签署与基里巴斯、马

---

① "Model of Japan's HOPE – X has first flight", *Aerospace Daily*, Vol. 204, No. 16, 2002, p. 6.
② 《最近基里巴斯总统谈基里巴斯与日本的渔业关系》，缪圣赐译，《现代渔业信息》2009 年第 11 期。

绍尔群岛、帕劳、巴布亚新几内亚、所罗门群岛和图瓦卢政府间的三边协议。韩国也是基里巴斯的主要援助国，韩国船只上有基里巴斯海员。2014年9月15日，基里巴斯与越南建立外交关系。

二 与中国大陆和台湾的关系

1980年6月25日，基里巴斯与中国正式建立外交关系。基里巴斯在中国设非常驻特命全权大使。在建交后的10年里中国没有在基里巴斯建使馆，两国之间的事务由中国驻斐济使馆兼管。1989年12月26日，中国驻斐济大使馆向基里巴斯外交部发出一个中国计划在塔拉瓦建立大使馆的照会，12月27日，基里巴斯做出欢迎决定。一等秘书吴钟华先生从斐济前往基里巴斯建立使馆并任临时代办，1990年2月24日他一人到达塔拉瓦，紧张准备开馆招待会，28日，开馆招待会成功举行。中国第一座驻基里巴斯大使馆位于贝肖岛上，房子原来的主人是一位英国官员。7个月后，吴钟华先生在南塔拉瓦找到一间草房，这里成为新的使馆。当时只有四个国家在基里巴斯建立使馆：英国、澳大利亚、新西兰和中国，而中国使馆是只有一个人的使馆。1990年6月25日，为庆祝建交十周年，中国驻基里巴斯大使馆和基里巴斯外交部联合举办"中国建设成就图片展览"和"中国电影周"，放映《杂技女杰》《黑匣子》《改革开放的中国》，吴钟华先生依然孤军奋斗，成功完成庆祝招待会。

建交之后塔巴伊总统三次访问中国，在两国领导人会谈时，塔巴伊总统表示基里巴斯接受友好国家援助的原则是有利于增强自己的独立能力而不是增加对他国的依赖。1990年中国经贸部副部长吕学俭访问基里巴斯，签订第一个中基经济技术合作协定。根据协

基里巴斯

定和有关协议,中国向基里巴斯提供新的赠款和无息贷款,基里巴斯将贷款用于扩建南塔拉瓦邦里基国际机场跑道。基里巴斯要求部分赠款用于提供两名中国医生前往基里巴斯工作,于是一名外科医生和一名麻醉师很快到达,在南塔拉瓦中央医院工作。为帮助基里巴斯政府扩大和加固年久失修的机场跑道,中国政府主动提出提供1500万元人民币的无息贷款。经过中国专家组的精心设计和基里巴斯人民的辛勤劳动,1995年机场跑道胜利完工。

在塔巴伊总统和斯托总统任职期间,两国保持友好密切的关系,在教育、卫生、空间科学、经济以及国际事务中互相支持。基里巴斯每年派留学生前往中国,2001年,基里巴斯在中国的留学生有8人。两国经济互相补充,中国的纺织品、轻工业产品、机电产品出口基里巴斯,中国政府鼓励中国企业家在基里巴斯从事经营,也欢迎基里巴斯商人到中国合作。基里巴斯支持了中国的轻工业出口,据吴钟华先生的记述,当时基里巴斯男性岛民下身围一块土花布,都是中国产的大花棉布,经香港从中国进口。在布塔里塔里环礁,每家每户用来盛液汁饮料的铝壶都是中国制造的。在阿巴阳岛上,为舞蹈者准备的礼物——铁盒装爽身粉也产自中国,茶具是唐山产的,压力暖壶是中国产葵花牌的。①

1997年中国在塔拉瓦环礁建立卫星跟踪站,这是中国在大陆以外建造的第一个卫星监测站。2003年10月杨利伟乘坐中国自行研制的神舟五号载人飞船顺利进入太空,在环绕地球飞行时,位于基里巴斯的监测站曾提供监测跟踪。

2001年9月21日,新任基里巴斯大使马书学向基里巴斯总统

---

① 吴钟华:《南太不了情》,第132~141页。

第七章 外 交

斯托递交国书。2002年7月，斯托总统对中国进行为期6天的工作访问，与时任国家主席江泽民、全国人大委员会委员长李鹏、国务院总理朱镕基会谈。

2003年11月7日，汤安诺总统宣布与中国台湾建立"完全外交关系"。中国关闭跟踪站，撤回医疗机构的医生，撤回大使，修建一座体育馆的工程也停了下来，双方结束了23年的友好外交关系。但两国交流并未彻底结束，中国参加了2010年基里巴斯南塔拉瓦的气候会议，是《安博宣言》的签约国。2010年8月30日～9月8日，中华人民共和国审计署根据商务部援外培训项目规划，为南太地区最高审计机关举办审计长级别的研讨班，来自南太地区的库克群岛、斐济、基里巴斯、瑙鲁、纽埃、巴布亚新几内亚、萨摩亚、所罗门群岛、汤加、图瓦卢和瓦努阿图11个国家最高审计机关的22位审计长和审计官员们参加了此次培训，时任审计长刘家义会见了参加研讨班的全体代表。2010年12月10日，基里巴斯中太捕捞公司、斐济金洋渔业有限公司及中国上海远洋渔业有限公司三方在上海签订合资协议书，在塔拉瓦环礁组建合资公司，共同开发金枪鱼渔业资源。之后的两年里，三方信守承诺，各自做出了不懈努力，使这一座南太平洋地区最优秀美丽的鱼产品加工厂于2012年诞生。

在基里巴斯与中国台湾建立所谓的"完全外交关系"之前，双方有经贸合作，中国大陆和中国台湾同时有渔船在南太等国的专属经济区捕鱼。基里巴斯与台湾签署的"双边合作谅解备忘录"显示，中国台湾允诺"建交"后向基里巴斯提供以下援助：2004～2007年，每年向基里巴斯提供1000万澳元无偿援助，提供500万澳元特别基金，完成由中国大陆已开始援建的多功能体育文化娱乐中

基里巴斯

心，开展双方农技合作可行性研究，并签署有关合作协议及派遣一支农技队，向基里巴斯派出志愿者，尽快向基里巴斯派出贸易代表团，鼓励台湾渔业企业利用基里巴斯港口进行中转，台湾渔船需雇用基里巴斯船员，确保在中国大陆学习的基里巴斯留学生在台湾的大学完成学业，每年向基里巴斯提供40万澳元，支付雇用医生及相关医疗活动费用，从2004年援款中提前拨付83万澳元，用于圣诞岛国际机场改造项目等。作为回报，基里巴斯同意支持台湾加入联合国、太平洋岛国论坛以及其他国际和地区组织。2005年，台湾主管健康的部门与基里巴斯签署一个健康合作协议，根据协议，台湾帮助培训基里巴斯卫生人员以提高其医疗水平。

大事纪年

1788 年	吉尔伯特船长和马绍尔船长发现吉尔伯特群岛的几个岛屿。
1777 年	英国航海家詹姆斯·库克发现圣诞岛。
1789 年	美国探险家埃德蒙·范宁船长访问塔布阿埃兰环礁（范宁岛）。
1804 年	英国"大洋"号船到达巴纳巴岛。
1857 年 11 月	海勒姆·宾厄姆乘"晨星"号双桅帆船到达阿拜昂环礁，基督教初传吉尔伯特群岛。
1871～1874 年	巴纳巴岛大干旱。
1888 年 5 月	属于天主教的圣心会传教团进入吉尔伯特群岛。
1888 年	莱恩群岛的圣诞岛、范宁岛归英国所有。
1892 年	英国正式宣布吉尔伯特群岛和埃利斯群岛为其保护区。
1900 年	新西兰人埃尔伯特·埃利斯发现巴纳巴岛磷酸盐矿。
1901 年	巴纳巴岛归属英国领地。

基里巴斯

1915 年 11 月 10 日	保护区成为吉尔伯特群岛和埃利斯群岛殖民地。
1941 年 8 月 26～27 日	日本占领巴纳巴岛。
1941 年 12 月 10 日	日本占领马金岛。
1945 年 8 月 20 日	巴纳巴岛劳动力被屠杀。
1945 年 12 月 15 日	巴纳巴人到达斐济拉比岛。
1971 年	吉尔伯特群岛和埃利斯群岛殖民地自治。
1979 年 7 月 12 日	基里巴斯共和国诞生。
1979 年 9 月 20 日	基里巴斯与美国签订友好条约。
1979 年	第一部基里巴斯人自己撰写的基里巴斯历史著作《基里巴斯历史》（*Kiribati: Aspects of History*）出版。
1980 年 6 月 25 日	基里巴斯与中国正式建立外交关系。
1985 年	基里巴斯与苏联签订捕鱼协议。
1994 年	塞布罗罗·斯托当选基里巴斯第三任总统。
1994 年	基里巴斯境内国际日期变更线东移至莱恩群岛的加罗琳岛。
2000 年	新世纪来临之际，基里巴斯在加罗琳岛举行新世纪庆典。
2001 年	第一部由巴纳巴人撰写的巴纳巴历史著作《巴纳巴的脊梁》[*Te Rii Ni Banaba*（*The Backbone of Banaba*）]出版。
2001 年	基里巴斯设立第一个驻外外交机构——驻斐济高专署。

2001 年	范宁岛成为挪威游轮航线上的一站。
2002 年 9 月	基里巴斯与古巴建立外交关系。
2003 年 5 月	基里巴斯成为第一个与欧盟签订渔业协议的太平洋岛国。
2003 年 7 月	汤安诺当选基里巴斯第四任总统。
2003 年 11 月 7 日	基里巴斯与台湾"建交"。
2004 年	基里巴斯第一次参加奥运会。
2006 年	基里巴斯政府宣布菲尼克斯群岛为自然保护区。
2008 年	基里巴斯参加北京奥运会。
2010 年	菲尼克斯群岛被列入《世界自然遗产名录》。
2010 年 12 月 10 日	基里巴斯中太捕捞公司、斐济金洋渔业有限公司及中国上海远洋渔业有限公司三方在上海签订合资协议书。
2011 年 5 月 13 日	在澳大利亚达尔文港阿拉费拉运动会上,基里巴斯实现金牌零的突破。
2012 年	基里巴斯、斐济、中国合资的鱼产品加工厂建成。
2013 年	基里巴斯与老挝的再生能源有限公司 Sunlabob 签订太阳能援助合约。
2014 年 9 月 15 日	基里巴斯与越南建立外交关系。
2016 年 3 月 9 日	塔内蒂·马马乌当选为基里巴斯第五任总统。

附　录

一　基里巴斯33个岛屿中英文名称对照

中文名称	英文名称
吉尔伯特群岛(16个岛屿)	Gilbert Islands
马金岛	Makin
布塔里塔里环礁	Butaritari
马拉凯环礁	Marakei
阿拜昂环礁	Abalang
塔拉瓦环礁	Tarawa
迈亚纳环礁	Maiana
阿贝马马环礁	Abemama
库里亚岛	Kuria
阿拉努卡环礁	Aranuka
诺诺乌蒂环礁	Nonouti
塔比特韦亚环礁	Tabiteuea
贝鲁岛	Beru
尼库瑙岛	Nikunau
奥诺托阿环礁	Onotea
塔马纳岛	Tamama
阿罗赖岛	Arorae
巴纳巴岛	Banaba
菲尼克斯群岛(8个岛屿)	Phoenix Islands
坎顿岛	Kanton
恩德伯里岛	Enderbury
麦基恩岛	McKean

基里巴斯

续表

中文名称	英文名称
伯尼岛	Birnle
拉瓦基岛	Rawaki
尼库马罗罗岛	Nikumaroro
奥罗纳岛	Orona
曼拉岛	Manra
莱恩群岛(8个岛屿)	Line Islands
泰拉伊纳岛(华盛顿岛)	Talouaeran(Washington)
塔布阿埃兰环礁(范宁岛)	Tabuaeran(Fanning)
基里蒂马蒂岛(圣诞岛)	Kiritimati(Christmas)
莫尔登岛	Malden
斯塔巴克岛	Starbuck
沃斯托克岛	Vostok
加罗琳岛	Caroline
弗林特岛	Flint

二　基里巴斯居人岛屿及其面积

岛屿名称	面积(平方公里)	岛屿名称	面积(平方公里)
马金岛	7.89	奥诺托阿环礁	15.62
布塔里塔里环礁	13.49	贝鲁岛	17.65
马拉凯环礁	14.13	尼库瑙岛	19.08
阿拜昂环礁	17.48	塔马纳岛	4.73
塔拉瓦环礁	31.02	阿罗赖岛	9.48
迈亚纳环礁	16.72	巴纳巴岛	6.29
库里亚岛	15.48	圣诞岛	388.39
阿拉努卡环礁	11.61	华盛顿岛	9.55
阿贝马马环礁	27.37	范宁岛	33.73
诺诺乌蒂环礁	19.85	坎顿岛	9.15
塔比特韦亚环礁	37.63		

参考文献

一 中文文献

《世界各国宪法》编辑委员会编译《世界各国宪法·美洲大洋洲卷》，中国检察出版社，2012。

吴钟华：《南太不了情》，四川人民出版社，2006。

徐明远：《南太平洋岛国和地区》，世界知识出版社，2003。

张越：《马里亚纳海空战》，外文出版社，2010。

二 外文文献

Andrew J. East, Les A. Dawes, Homegardening as a panacea: A case study of South Tarawa, *Asia Pacific Viewpoint*, Vol. 50, No. 3, 2009.

Atoll Politics: The Republic of Kiribati, Institute of Pacific Studies of the University of the South Pacific, 1983.

Jenny J. Bryant, Environmental education in the South Pacific: Towards sustainable development, *The Environmentalist*, Vol. 9, No. 1, 1989.

John Evans, Kunei Etekiera, Rural Library Service in the

基里巴斯

Republic of Kiribati, *International Library Review*, Vol. 22, No. 4, 1990.

Johnson-Hill, Kelly, Dance and Worship in the Pacific Islands: A Comparative Study with Implications for an Emerging Ecumenical Consciousness, *Asia Journal of Theology*, Vol. 18, No. 2, 2004.

Katerina Martina Teaiwa, Choreographing Difference: The (Body) Politics of Banaban Dance, *The Contemporary Pacific*, Vol. 24, No. 1, 2012.

Kirti Mala, etc., Solar photovoltaic (PV) on atolls: Sustainable development of rural and remote communities in Kiribati, *Renewable and Sustainable Energy Reviews*, Vol. 12, No. 5, 2008.

Leonard Mason, *Kiribati: A Changing Atoll Culture*, Suva: Institute of Pacific Studies, University of the South Pacific, 1985.

Maria Borovnik, Working overseas: Seafarers' remittances and their distribution in Kiriba, *Asia Pacific Viewpoint*, Vol. 47, No. 1, 2006.

Maude, H. E., Doran Jr., Edwin, The Precedence of Tarawa Atoll, *Annals of the Association of American Geographers*, Vol. 56, No. 2, 1966.

Natasha Lister, Ema Muk-Pavic, Sustainable artificial island concept for the Republic of Kiribati, *Ocean Engineering*, Vol. 98, 2015.

P. A. Crowl, E. G. Love, *The War in the Pacific. Seizure of the Gilberts and Marshalls*, Washington: Department of the Army, 1955.

Raobeia Ken Sigrah, Stacy M. King, *Te Rii Ni Banaba (The Backbone of Banaba)*, Institute of Pacific Studies, 2001.

Sister Alaima Talu, ect., *Kiribati: Aspects of History*, Institute of Pacific Studies and Extension Services, 1979.

Thomas Klikauer, Richard Morris, Kiribati seafarers and German container shipping, *Maritime Policy and Management*, Vol. 29, No. 1, 2002.

W. David McIntyre, The Partition of the Gilbert and Ellice Islands, *Island Studies Journal*, Vol. 7, No. 1, 2012.

三 主要网站

http://www.janesoceania.com

http://www.banaban.com

http://www.kiribatibooks.com

http://pdl.spc.int/index.php/home

http://tskl.net.ki/about-us

http://www.mfed.gov.ki

索 引

《安博宣言》 130，135，141

《巴纳巴的脊梁》 125，127，144

贝雷蒂坦蒂 61

波尔达计数法 60，61

大家庭聚落 99，100

岛屿治安官 37，100

菲尼克斯群岛 2~7，11，14，19，20，28，29，72，79，108，145，147

基里巴斯海员培训学校 118，131

《基里巴斯历史》 17，124，144

基里巴斯师范学院 117，119

吉尔伯特群岛和埃利斯群岛殖民地 4，28，29，37，39~41，93，117，144

集会房 9，56，59，73，100~102，104，118，124

莱恩群岛 2~7，12，14，19，20，24，28，29，52，76，78，83，84，90，91，108，111，117，131，133，143，144，148

曼尼阿巴－尼－蒙加塔布 57，65

塔拉瓦技术学院 118，120

西太平洋高级委员会 39

长者 8，12，23，26，27，100~103，106，126

153

新版《列国志》总书目

亚洲

阿富汗
阿拉伯联合酋长国
阿曼
阿塞拜疆
巴基斯坦
巴勒斯坦
巴林
不丹
朝鲜
东帝汶
菲律宾
格鲁吉亚
哈萨克斯坦
韩国
吉尔吉斯斯坦
柬埔寨
卡塔尔
科威特
老挝
黎巴嫩
马尔代夫
马来西亚
蒙古
孟加拉国
缅甸
尼泊尔
日本
塞浦路斯
沙特阿拉伯
斯里兰卡
塔吉克斯坦
泰国
土耳其
土库曼斯坦
文莱
乌兹别克斯坦
新加坡
叙利亚
亚美尼亚
也门
伊拉克
伊朗
以色列
印度
印度尼西亚
约旦

越南

非洲

阿尔及利亚
埃及
埃塞俄比亚
安哥拉
贝宁
博茨瓦纳
布基纳法索
布隆迪
赤道几内亚
多哥
厄立特里亚
佛得角
冈比亚
刚果共和国
刚果民主共和国
吉布提
几内亚
几内亚比绍
加纳
加蓬
津巴布韦
喀麦隆
科摩罗
科特迪瓦
肯尼亚
莱索托
利比里亚
利比亚
卢旺达

马达加斯加
马拉维
马里
毛里求斯
毛里塔尼亚
摩洛哥
莫桑比克
纳米比亚
南非
南苏丹
尼日尔
尼日利亚
塞拉利昂
塞内加尔
塞舌尔
圣多美和普林西比
斯威士兰
苏丹
索马里
坦桑尼亚
突尼斯
乌干达
西撒哈拉
赞比亚
乍得
中非

欧洲

阿尔巴尼亚
爱尔兰
爱沙尼亚
安道尔

基里巴斯

奥地利
白俄罗斯
保加利亚
比利时
冰岛
波黑
波兰
丹麦
德国
俄罗斯
法国
梵蒂冈
芬兰
荷兰
黑山
捷克
克罗地亚
拉脱维亚
立陶宛
列支敦士登
卢森堡
罗马尼亚
马耳他
马其顿
摩尔多瓦
摩纳哥
挪威
葡萄牙
瑞典
瑞士
塞尔维亚
圣马力诺
斯洛伐克

斯洛文尼亚
乌克兰
西班牙
希腊
匈牙利
意大利
英国

美洲

阿根廷
安提瓜和巴布达
巴巴多斯
巴哈马
巴拉圭
巴拿马
巴西
玻利维亚
伯利兹
多米尼加
多米尼克
厄瓜多尔
哥伦比亚
哥斯达黎加
格林纳达
古巴
圭亚那
海地
洪都拉斯
加拿大
美国
秘鲁
墨西哥
尼加拉瓜

新版《列国志》总书目

萨尔瓦多	巴布亚新几内亚
圣基茨和尼维斯	斐济
圣卢西亚	基里巴斯
圣文森特和格林纳丁斯	库克群岛
苏里南	马绍尔群岛
特立尼达和多巴哥	密克罗尼西亚
危地马拉	瑙鲁
委内瑞拉	纽埃
乌拉圭	帕劳
牙买加	萨摩亚
智利	所罗门群岛
	汤加
大洋洲	图瓦卢
	瓦努阿图
澳大利亚	新西兰

当代世界发展问题研究的权威基础资料库和学术研究成果库

国别国际问题研究资讯平台

列国志数据库 www.lieguozhi.com

列国志数据库是以"十二五"国家重点图书出版规划项目、中国社会科学院创新工程学术出版资助项目《列国志》丛书为基础，全面整合国别国际问题核心研究资源、研究机构、学术动态、文献综述、时政评论以及档案资料汇编等构建而成的数字产品，是目前国内唯一的国别国际类学术研究必备专业数据库、首要研究支持平台、权威知识服务平台和前沿原创学术成果推广平台。

从国别研究和国际问题研究角度出发，列国志数据库包括国家库、国际组织库、世界专题库和特色专题库4大系列，共175个子库。除了图书篇章资源和集刊论文资源外，列国志数据库还包括知识点、文献资料、图片、图表、音视频和新闻资讯等资源类型。特别设计的大事纪年以时间轴的方式呈现某一国家发展的历史脉络，聚焦该国特定时间特定领域的大事。

列国志数据库支持全文检索、高级检索、专业检索和对比检索，可将检索结果按照资源类型、学科、地区、年代、作者等条件自动分组，实现进一步筛选和排序，快速定位到所需的文献。

列国志数据库应用范围广泛，既是学习研究的基础资料库，又是专家学者成果发布平台，其搭建学术交流圈，方便学者学术交流，促进学术繁荣；为各级政府部门国际事务决策提供理论基础、研究报告和资讯参考；是我国外交外事工作者、国际经贸企业及日渐增多的广大出国公民和旅游者接轨国际必备的桥梁和工具。

数据库体验卡服务指南

※100元数据库体验卡目前只能在列国志数据库中充值和使用。

充值卡使用说明：
第1步 刮开附赠充值卡的涂层；
第2步 登录列国志数据库网站（www.lieguozhi.com），注册账号；
第3步 登录并进入"会员中心"→"在线充值"→"充值卡充值"，充值成功后即可使用。

声明

最终解释权归社会科学文献出版社所有。

数据库服务热线：400-008-6695
数据库服务QQ：2475522410
数据库服务邮箱：database@ssap.cn
欢迎登录社会科学文献出版社官网（www.ssap.com.cn）
和列国志数据库（www.lieguozhi.com）了解更多信息

卡号：7199084101528754

图书在版编目(CIP)数据

基里巴斯/徐美莉编著. --北京：社会科学文献出版社，2016.9（2018.8 重印）
（列国志：新版）
ISBN 978-7-5097-9469-2

Ⅰ.①基… Ⅱ.①徐… Ⅲ.①基里巴斯共和国-概况 Ⅳ.①K965.6

中国版本图书馆 CIP 数据核字（2016）第 169200 号

·列国志（新版）·

基里巴斯（Kiribati）

编　　著 / 徐美莉

出 版 人 / 谢寿光
项目统筹 / 张晓莉
责任编辑 / 叶　娟

出　　版 / 社会科学文献出版社·国别区域与全球治理出版中心（010）59367200
　　　　　　地址：北京市北三环中路甲 29 号院华龙大厦　邮编：100029
　　　　　　网址：www.ssap.com.cn

发　　行 / 市场营销中心（010）59367081　59367018
印　　装 / 三河市尚艺印装有限公司

规　　格 / 开　本：787mm×1092mm　1/16
　　　　　　印　张：12　插　页：0.75　字　数：134 千字
版　　次 / 2016 年 9 月第 1 版　2018 年 8 月第 2 次印刷
书　　号 / ISBN 978-7-5097-9469-2
定　　价 / 59.00 元

本书如有印装质量问题，请与读者服务中心（010-59367028）联系

▲ 版权所有 翻印必究